Wolf Schneider

Dem Kaiser sein Ba

Wolf Schneider

Dem Kaiser sein Bart

Deutschstunde mit 33 neuen Fragezeichen

Ein *FOLIO*-Buch im Verlag NZZ

© 1998, Verlag Neue Zürcher Zeitung, Zürich
ISBN 3 85823 709 4

Inhaltsverzeichnis

Lob der Tiefstapelei	7
Madonna oder Mitterand?	11
Abkürzungen? KAKFIF!	15
Nachruf aufs Esperanto	19
Sie, Sie liegt mir am Herzen	23
Die Sprachpolizei geht um	27
Warum man zu wenig schreiben sollte	31
Wie man sich nach oben liest	35
Auch Eisberge kochen nur mit Wasser	39
Ein Kaubeu am Rein	43
Das Moshimoshi-Problem	47
Schön wie ausgekämmte Haare	51
«Irre», sagte Tschingis Khan	55
Kunstwerke zum Mitnehmen	59
Wie man Aktivitäten implementiert	63
Gewönne doch der Konjunktiv!	67
Wer schenkt schon Gehör?	71
Gott in zwei Buchstaben	75
Geisterfahrer auf der Datenautobahn	79
Nur wer stolpert, schläft nicht ein	83
Der Bevölkerung aufs Maul geschaut	87
Um den Kaiser seinen Bart	91
Gedownsized und entlassen	95
Von Zwecken und Dampfhühnern	99
Zweisam, bauchlos und verschmust	103

Ausgehen ist angesagt	107
Wir wolen besser Deusch!	111
Jetzt, demnächst oder nie	115
Das erzählte Mittagessen	119
Kommunikative Kompetenzmerkmale	123
Musik – tonlos und flächendeckend	127
Wie man drei Völker belästigt	131
Weil Deutsch taugt nichts mehr	135

Lob der Tiefstapelei

«Wenn eine Liebesbeziehung so richtig zu Kleinholz werden soll, müssen die Parteien einander schon behilflich sein.» Peter Høeg schreibt das in seinem Roman «Fräulein Smillas Gespür für Schnee» – und setzt damit ein frisches Beispiel für ein klassisches Stilmittel: «behilflich sein» – das wird man untertrieben nennen dürfen. Von Übertreibungen umringt und von Superlativen zugeschüttet, vom Grössten, Schnellsten, Schlimmsten, Höchsten, lauschen wir überrascht und manchmal dankbar denen, die das Gegenteil betreiben: «Er ist nicht unvermögend» sagen sie von einem Milliardär, und über einen Ausflug in die Sahara: «Ja, ein paar Grad kühler hätte es sein dürfen.»

Litotes nannten die Griechen diese Stilfigur: Schlichtheit, Sparsamkeit. Uns ist sie vor allem als *understatement* geläufig, mit dem guten Grund, dass sich in ihr ein englisches Lebensgefühl ausdrückt: der Wunsch, sich von populären Aufregungen nicht irritieren zu lassen und dem allzu Weihevollen ironisch zu begegnen. Auch Luxus wird gern unterspielt, wie in der berühmten Antwort «ausreichend», die die Firma Rolls-Royce auf die Frage nach der Motorleistung gab. Es passt ins Bild, was der Farmer Ebenezer Bryce beim Anblick der zehntausend steinernen Zinnen und Katarakte des später nach ihm benannten Canyons in Utah sagte: «Ein schrecklicher Ort, wenn sich eine Kuh verirrt» (A hell of a place to lose a cow) - ein Satz, in dem sich die Tradition des Understatement sinnreich mit der Neigung des Landwirts verband, in jeder Landschaft nur die Chancen und Risiken der Landwirtschaft zu würdigen.

Ein deutscher Beitrag zur Untertreibung ist der Bedeutungswandel des Worts *frugal*: Mässig, genügsam, bescheiden heisst es auf lateinisch, und Engländer, Franzosen, Italiener haben diesen Wortsinn beibehalten. Auf deutsch aber wurde, vermutlich in Kreisen wohlhabender Studenten, ein üppiges Mahl so oft in scherzhafter Untertreibung ein «frugales» genannt, dass nun der gegenteilige Wortsinn vom Duden zusätzlich anerkannt und nach einer Umfrage von 1987 für zwei Drittel der Befragten der normale ist.

Womit wir bei einem der beiden Nachteile des Understatement wären: Es führt, wie alle Ironie, zum Schillern der Bedeutungen, es erhöht die Wahrscheinlichkeit des Missverständnisses. Hören wir von einem Menschen, dass es ihm «nicht ganz schlecht» gehe, so können wir nicht diesen Worten – wir müssen den Umständen entnehmen, ob er damit meint, eine Operation glimpflich überstanden oder den Coup seines Lebens gelandet zu haben.

Stets aber sollten wir, und das ist der zweite

Nachteil, auf der Lauer liegen, ob die Untertreibung nicht ganz unironisch dazu verwendet wird, einen Rückschlag, ein Unheil zu bagatellisieren; und das geschieht fast immer, wenn Politiker oder Manager zu auffallend behutsamen Floskeln greifen. Da sehen sich dann Skandale in «Unregelmässigkeiten» verwandelt und dramatische Verluste in «gewisse Einbussen»; so, wie einst die Rückzüge der deutschen Wehrmacht in der offiziellen Version «Frontbegradigungen» hiessen.

Mitsamt diesen Einschränkungen: Es bleibt eine Wohltat, der allgegenwärtigen Neigung zu den aufgeregten, aufgeblasenen Wörtern und Rekorden mutwillig den bescheidenen Begriff entgegenzustellen – um so mehr, je lauter uns das Marktgeschrei sensationslüsterner Journalisten in den Ohren gellt; und auch in seriösen Redaktionen wird oft nicht bedacht, dass das allmonatliche «Jahrhunderthochwasser» vielen Lesern bis zum Halse steht.

Idealerweise gelingt es, dieUntertreibung so einzusetzen, dass die scheinbare Verkleinerung den Effekt der Vergrösserung erzielt. Das schaffte der Tourismusdirektor von Graubünden, als er einst eine deutsche Delegation mit den Worten begrüsste: «Jahrhundertelang hat Graubünden als das Land der Räuber und Mörder gegolten. Aber ich versichere Ihnen: Es ist besser geworden.» Thomas De Quincey, dem Autor der «Bekenntnisse eines Opium-Essers», gelang es gar, das Understatement bis zur dritten Potenz hinabzutreiben. Das geschah in seinem parodistischen Essay «Der Mord als schöne Kunst betrachtet», dem Höhe- oder Tiefpunkt schwarzen Humors.

Da wird in einem Klub der jüngste Mord in London allein unter dem Aspekt des handwerklichen Raffinements erörtert, garniert mit Lebensweisheiten wie: «Wenn man die Leute reden hört, könnte man meinen, alle Nachteile und Unbequemlichkeiten lägen auf seiten des Ermordetwerdens.» Zu wenig denke man dabei über die des Nichtermordetwerdens nach: Vielleicht sei es ja weniger schlimm, erstochen zu werden, als an Harnverhaltung zu sterben.

Als nun ein Mörder den Klubvorsitzenden bittet, bei ihm als Butler arbeiten zu dürfen, bedient sich der Präsident, um sich aus der Affäre zu ziehen, folgender Untertreibung in drei Stufen: «Mein lieber James! Hat ein Mann sich einmal aufs Morden verlegt, so wird er bald nichts mehr dabei finden, einen Raub zu begehen, und vom Rauben wird er zur Entheiligung des Sonntags und zur Trunksucht gelangen, und von da zu Saumseligkeit und schlechten Manieren. Wer sich einmal auf diesen abschüssigen Pfad begeben hat, der weiss nie, wo er innehalten soll. So hat schon mancher seinen Ruin eingeläutet durch den einen oder anderen Mord, bei dem er sich zunächst kaum etwas dachte. Also: Wehret den Anfängen!»

Madonna oder Mitterrand?

Schlimm, chauvinistisch, lächerlich! Die meisten sind sich einig. Aber nicht alle haben nachgedacht. Da hat also der französische Kulturminister Jaques Toubon ein Gesetz durchgedrückt, das bei Strafe den Gebrauch von 3500 gängigen Importen aus dem Englischen verbietet; nicht allen Franzosen, aber den Werbetextern, den Verfassern von Gebrauchsanweisungen, den Journalisten in Radio und Fernsehen und Bürgern in amtlicher Mission. Statt dessen werden ihnen Neuprägungen aufgenötigt, vor allem in der Académie française ersonnen: *occultation* für Blackout, *écrasement* für Crash. Darf eine Kulturnation sich so verhalten – und wenn: Hat sie eine Chance, sich damit durchzusetzen? Sie darf und sie hat. Für das Dürfen vier Gründe:

1. So ist es nicht, dass demokratische Nationen sich bisher aller Gängelung der Sprache enthalten hätten. In mehrsprachigen Staaten wie der Schweiz besteht ein Regelungsbedarf, und selbstverständlich legen Gesetze und Verordnungen längst fest, inwieweit Minderheitensprachen wie das Katalanische in Spanien, das Deutsche im Elsass als Unterrichtssprachen zugelassen sind.

2. Auch abseits der Gesetze nehmen die meisten Völker staatliche Zuschüsse für oder halbamtliche Einflüsse auf ihre Sprache hin; zum Beispiel in Österreich bei dem Bestreben von Heimat- und Tourismusverbänden, gegen den deutschen Ansturm von Meerrettich, Sahne, Johannisbeere und Tomate den Kren und den Obers, die Ribisel und den Paradeiser am Leben zu halten.

3. Als einst französische Begriffe ins Englische und ins Deutsche sickerten, stand keine Milliardenindustrie dahinter, anders als bei der Invasion aus Amerika: Jeans, Coca-Cola, Popmusik, Computer. Hier äussert sich nicht kulturelle Überlegenheit und schon gar nicht das «vielbeschworene freie Spiel der Kräfte», sondern merkantile Macht. Darf man nicht stutzen, dass dieser Überfall hundertfältig gutgeheissen, der Beschluss eines vom Volk gewählten Parlaments jedoch auf der Stelle mit Spott übergossen wird? Offenbar haben die Fernsehplauderer, die Discjockeys, die Werber es geschafft, die Dollar-Invasion so zu präsentieren, als erfülle sie den Europäern einen Herzenswunsch. Warum aber soll Michael Jackson einen grösseren Einfluss auf die französische Sprache haben als Jacques Toubon, obwohl er doch mit hoher Wahrscheinlichkeit dümmer ist als dieser?

4. In das angeblich freie Spiel der Kräfte, an dem der Staat sich nicht zu vergreifen habe, mischen sich neben der amerikanischen Industrie auch an-

dere durch nichts und niemanden legitimierte Mächte ein: Werbetexter, Pressesprecher, Journalisten publizieren Sprachmodelle und vervielfältigen sie millionenfach, nicht zuletzt die Sportreporter und die gnadenlosen Schlagzeilentechniker der Boulevardzeitungen.

Der Staat also kann einem Quantum Sprachlenkung ohnehin nie ausweichen, und viel einflussreicher als er ist eine gewaltige Wirtschaftsmacht, die es noch dazu versteht, zusammen mit ihren Produkten den Anschein der freien Selbstbestimmung zu verkaufen. Und das heisst: Der Staat sollte sich um die Sprache kümmern dürfen.

Wenn sie nun aber praktisch oder gar pfiffig sind, die Importe aus Amerika? Viele sind es – andere sind es keineswegs. *Walkie-talkie*, das war einmal eine witzige und kaum übersetzbare Umschreibung für die ersten handlichen Funksprechgeräte. Im *Walkman* dagegen ist weder Musik enthalten noch der Knopf im Ohr, und es geht wahrlich nichts verloren, wenn er in Frankreich jetzt durch *baladeur* ersetzt werden soll (einer, der einen Bummel macht). *Hardware* und *Software* aus dem Computerjargon klingen hässlich in allen Sprachen, englische Ohren eingeschlossen, und heissen doch nichts als Geräte und Programme.

Schon gar keine guten Gründe gibt es für die erschwerte Form der Anglomanie: in vorauseilender Unterwerfung auch solche Gegenstände englisch zu benennen, die nicht aus dem englischen Sprachraum kommen. Der Luftsack oder Prallsack zum Beispiel ist eine deutsche Erfindung, war perfekt benannt und kam doch als *Airbag* auf den Markt, auch in Frankreich. *Sac gonflable,* wie die Franzosen nun sagen sollen, hat zwar zwei Silben mehr, schafft aber einen internationalen Unsinn aus der Welt – und ist das nichts?

Wie es mit den Chancen des französischen Gesetzes steht, selbst wenn man dem Staat das Recht seufzend konzediert – das ist eine andere Frage. Wenn die neuen Wörter gut sind, könnten sie überleben. Statt Ketchup *tomatine,* statt Fast food *restovite* – ist das so übel? Der deutsche Dichter Philipp von Zesen dachte sich im 17. Jahrhundert für den *acteur* den Schauspieler aus – und er hat sich durchgesetzt. Der Pädagoge Joachim Heinrich Campe schlug 1801 für den Supplikanten den Bittsteller vor, und er hat gesiegt.

So bleibt nur das Unbehagen, dass es der Staat ist, der uns solche Verbesserungen anrät, ja aufzwingen will. Das mag die Chancen trüben, in der Tat. Subtilere Mittel hätten vielleicht weiter führen können, etwa eine langjährige Werbekampagne, die der Staat nur finanziert. Doch auch so, wie es gekommen ist, sollte die Frage gestattet sein: Was ist an der Gängelung der französischen Sprache durch Madonna so viel erstrebenswerter als an der durch Mitterrand?

Abkürzungen? KAKFIF!

Niemand hätte grösseren Nutzen vom Abkürzen der Wörter gehabt als die Steinmetze, die einst in die Friese von Tempeln und Palästen die Inschriften zum Ruhme von Königen und Göttern meisselten: DEP statt «Der erhabene Pharao» – wie viel Mühe hätte das gespart! Doch die Sprache galt damals noch als heilig und Kurzatmigkeit nicht als eine Tugend.

Der Wandel setzte mit dem Telegrafen ein, vor anderthalb Jahrhunderten: Jeder Buchstabe wurde kostbar, jede Sekunde war Geld. Rasch bediente sich das Militär der neuen Chance, denn Schlachten wollten schnell geschlagen, Listen rasch geschrieben sein, und dass mit der Abkürzung meist eine Entseelung der Wörter einhergeht, dagegen sprach militärisch wirklich nichts. Dieser Ehe aus Zeitgeist und Kälte ist die MALZA entsprungen, die Modische Affenliebe zur Abkürzung, wie Behörden, Firmen und Verbände sie seit Jahrzehnten pflegen, zur Genugtuung der Journalisten mit ihrem stets knappen Überschriftenraum.

Das sind zwei Akronyme, aneinandergereihte Anfangsbuchstaben, die häufigste Art der Abkürzung und oft die ärgerlichste: Schriftbild hässlich, Verständlichkeit gering. Wer weiss denn schon, dass der AdA in der Schweiz der «Angehörige der Armee» ist und KnVNG in Deutschland das Knappschaftsrentenversicherungsneuregelungsgesetz? Dass die Ursprungswörter eher noch scheusslicher sind, macht die Abkürzung nicht besser. An andere gereihte Anfangsbuchstaben haben wir uns gewöhnt – an DRS und ZDF zum Beispiel, an die UNO und das FBI, und die meisten erkennen darin noch die verstümmelten Wörter; die Namen der grossen Parteien lesen und hören wir sogar lieber in der Form blosser Grossbuchstaben.

Wer aber kann die NATO, die NASA oder AIDS in die herkömmliche Wortsprache zurückübersetzen? Da wird es problematisch: Drei Institutionen, die Menschheitsprobleme behandeln und Milliarden einfordern – doch was ihr Name eigentlich besagt, haben wir in der Weise erfahren, dass uns die zunächst fremdartige Buchstabenkette oft genug unter den Augen durchgezogen wurde; wobei uns der Umstand tröstete, dass die Kette sich dank der Mischung aus Konsonanten und Vokalen sprechen liess wie ein Wort (und immer häufiger auch so geschrieben wird: Nato, Nasa, Aids, siehe *NZZ*).

Oft sind Akronyme der Absicht entsprungen, das Ursprungswort zu tarnen oder es zu verunglimpfen. Aus der «Deutschen Demokratischen Republik» wurde erst dann die DDR, als die SED beschlossen hatte, dem Bestandteil «Deutsch» die Erkennbarkeit zu rauben; das war der erste Schritt.

Der zweite: Die DDR begann, die Bundesrepublik Deutschland ausschliesslich BRD zu nennen, in der klaren Absicht, dem hochmütigen Nachbarn die sprachliche Gleichheit aufzuzwingen. Dritter Schritt: Viele Westdeutsche, zumal linke Intellektuelle, übernahmen gern das Kürzel BRD, weil sie damit ein Mittel gefunden hatten, ihre Vorbehalte gegen die ungeliebte Heimat zu artikulieren.

Ganz klar schliesslich war die schmähende Absicht bei jenen Linksradikalen, die sich über die im deutschen Grundgesetz fixierte freiheitlich-demokratische Grundordnung lustig machten, indem sie sie durchweg als FDGO zitierten, als wäre sie eine blosse amtliche Verordnung. Und ebenso klar war der Spott beim *Gröfaz:* «Grösster Feldherr aller Zeiten» hatte Hitler sich ja 1940/41 titulieren lassen, und da geschah es ihm recht, dass Millionen Deutsche in den letzten Jahren des Krieges das Akronym mit verstohlenem Grinsen als Synonym für Hitler benutzten.

Mit Abkürzungen lassen sich also Werturteile fällen – was man, je nach politischem Standort und Zeitumständen, beklagen oder begrüssen mag. Das beste aber, was sich über sie sagen lässt, ist, dass eine Gruppe von ihnen die Seele des Ursprungsworts hörbar bewahrt, während sie gleichzeitig seine Umständlichkeit aus der Welt schafft. Es war natürlich ein Fortschritt, dass aus dem Kinematographentheater das Kino wurde, das Auto ist griffiger als das Automobil, der Zoo praktischer als der Zoologische Garten, der Krimi hübscher als der Kriminalroman. Ebenso haben Studenten auf ihre Weise recht, wenn sie von *Uni, Frust* und *Demo* sprechen: Die volle Buchstabenprozession durch die Mundhöhle ziehen lassen mag man nicht, und so hört man einfach früher auf zu sprechen (ein schönes Rezept auch für andere Lebenslagen).

Die neuste Mode führt leider in die Tiefen der sinnlosen Buchstabenreihung zurück. Ihr Tummelfeld sind die Handbücher für Computerbenutzer sowie die E-Mail aus dem Computer selbst, die elektronische Post, an einen Partner gerichtet oder an eine unbekannte Menge: «Da kann ich nur lachen» heisst im E-Mail-Jargon LOL (Laughing Out Loud) – lachen zum Beispiel über FAQ, eine allzuoft gestellte Frage (Frequently Asked Question). Und wer selbst dieses Schriftbild noch zu literarisch fände, weil es sich der verstaubten Erfindung des Buchstabens bedient – der kann Satzzeichen zu einer neuen Bilderschrift zusammenfügen: :=) soll «Ich lächle» heissen, mit der Begründung, man brauche das Bild nur nach rechts zu drehen. KAKFIF! sollten wir dem entgegenhalten (Kommt auf keinen Fall in Frage). Alles in allem sind wir schliesslich ganz gut mit ihr gefahren, der mehr als dreitausendjährigen Kultur der Lautschrift, die das Abendland immer noch regiert und ihm einst die Welt regieren half.

Nachruf aufs Esperanto

Es ist still geworden um die Welthilfssprachen, die ein paar versponnene Köpfe am Schreibtisch ersonnen haben. Unter dem Dutzend, von denen man weiss, war das Esperanto die bekannteste, von dem polnischen Augenarzt Ludwig Zamenhof 1887 konstruiert. Stalin wie Hitler nahmen es wichtig genug, um es zu verbieten, so widerlich fanden sie seinen am lautesten herausgestellten Vorzug, die wahre Internationalität; und in den fünfziger Jahren gab es keinen grösseren Kongress, bei dem nicht mindestens ein Teilnehmer forderte, die Diskussion in Esperanto fortzusetzen.

Woher kommt es, dass man die Kunstsprachen wohl allesamt für tot erklären darf – obwohl sie doch so durchschlagende Vorzüge haben: den logischen Aufbau, die simplen Regeln und eben die Unabhängigkeit von einer imperialen Macht? Vermutlich daher, dass sie allesamt an drei Schwächen kranken, Esperanto noch an einer mehr.

Keiner Nationalsprache die Weltgeltung gönnen – das hört sich hübsch an und ist zugleich der drastischste Nachteil der Kunstsprachen. Denn immer nur durch Vorherrschaft sind Weltsprachen entstanden, Griechisch und Lateinisch, Arabisch, Spanisch und Französisch – durch militärische, wirtschaftliche und kulturelle Übermacht. Das Englische aber trifft ins Zeitalter der erdumspannenden Kommunikation, Amerika kann seine Filme, Serien und Schallplatten bis zu den Fidschi-Inseln jagen. Von Österreich bis Island werden Schlager englisch gesungen und wissenschaftliche Aufsätze englisch publiziert. Noch nie war der Bedarf an einer Kunstsprache so gering.

Zum Siegeszug des Englischen hat ein Unterschied zu allen früheren Weltsprachen beigetragen: seine für den Ausländer überaus erfreuliche Armut an Flexion. In keiner anderen Kultursprache wird so wenig konjugiert und dekliniert, in keiner anderen also wird man so selten durch das Ärgernis behelligt, beim Sprechen grübeln zu müssen, ob hier ein n, dort ein s anzuhängen ist, und nur geschrieben oder auch gesprochen?

Auf diesem Feld hat das Esperanto jene Torheit begangen, die es gegenüber den anderen Kunstsprachen zusätzlich in Nachteil bringt: Es verlangt eine komplizierte Deklination unter Einschluss des Adjektivs. *Ili amas liajn bonajn amikojn* heisst nichts anderes als «They love their good friends». Gemeinsam ist dem Esperanto mit allen anderen Kunstsprachen, dass ihnen ausser der Macht auch die Wärme fehlt, und selbst ihre strikte Logik geht uns im Grunde auf die Nerven.

Kunstsprachen bieten keine Kinderlieder und keine Verse an, keine Flüche, keine Witze, keine

Redensarten. Ihre Wörter sind eindeutig und folglich einschichtig, sie haben keine Aura und keine Tiefe. Was schwingt nicht alles in einem prallen Wort wie *Mutter* mit: liebende Mütter und Rabenmütter, Stiefmütter und Schwiegermütter, Mutter Courage und Mutter Teresa, die Muttersprache und der Mutterboden, Hitlers Mutterkreuz und seit der Drohung Saddam Husseins «die Mutter aller Schlachten»! Selbst in diesem uralten Schlüsselwort ist also Bewegung, es lebt, changiert und ruft immer neue Emotionen wach.

Solche Lebendigkeit rührt nun gerade davon her, dass das Wort «Mutter» mit der Logik nicht oder nur zum Teil zu fassen ist. Selbst dort aber, wo man die Eindeutigkeit und Regelhaftigkeit bejahen müsste, in der Wissenschaft, ergäben sich Probleme. Da stellte 1906 der amerikanische Pfarrer Edward Foster die Kunstsprache *Ro* vor, die das Entzücken aller Philosophen hätte sein müssen; Descartes und Leibniz träumten von dergleichen. Foster teilte den Wortschatz in siebzehn Gruppen ein, die mit siebzehn verschiedenen Konsonanten beginnen: alle Gegenstände mit *b*, alle Tiere mit *m*. Die Säugetiere setzen sich mit *ma* fort, die Huftiere mit *mam*, die Einhufer mit *mamb*, und nachdem der Leser Buchstabe um Buchstabe zur niedrigeren Ordnung geführt worden ist, stösst er auf *mamba* das Pferd, *mambi* das Zebra, *mambe* der Esel.

Doch eben dieses eindrucksvolle Sprachgebäude würde sich in der Praxis als Kartenhaus erweisen. Angenommen, Zoologen diskutierten über Pferde, Esel, Maultiere und Zebras. Dass die vier nahe Verwandte sind, weiss ohnehin jeder Beteiligte; vor akustischem Missverständnis aber ist er durch den völlig unterschiedlichen Wortklang geschützt. Müsste man in dieser Runde dagegen von mambas, mambis, mambos und mambes sprechen, so würde es zu unzähligen Rückfragen und Verwechslungen kommen. Es ist also praktisch, die biologische Nähe *nicht* in eine Ähnlichkeit des Wortbilds zu übertragen – wie umgekehrt noch kein Ornithologe, der vom *Strauss* sprach, in seinen Zuhörern die Vorstellung Blumen, Johann, Richard oder Franz Josef hervorgerufen hat. Unlogisch, schillernd und ewig bewegt, so sind die lebenden Sprachen, und eben dies macht sie liebenswert und für die meisten Lebenslagen tauglich.

Mit dem doppelten Boden der natürlichen Wörter ausdrücklich zu spielen gehört zu unserem grössten Sprachvergnügen, nach dem Muster: «Man tagt und tagt, aber es dämmert keinem» oder «Die Anziehungskraft der Erde lässt allmählich nach» oder «Man wähle von zwei Politikern das kleinere», und ein Esperanto, das uns nötigte, das Wort «Übel» hinzuzufügen, verdürbe uns das Spiel. Ruhet sanft, ihr Interlinguas und Volapüks; die Sprache, sie ist nicht so.

Sie, Sie liegt mir am Herzen

Einst duzten einander Liebesleute, enge Freunde und Verwandte, Kinder, Arbeiter, Soldaten, Genossen und fahrendes Volk; duzen lassen mussten sich Sträflinge, Lehrlinge und Knechte. Heute sind fast alle Leute unter dreissig hinzugekommen, auch über dreissig die meisten Skifahrer, Fussballfreunde, Kneipengänger, Künstler, Werber sowie Professoren und Studenten, mindestens wenn es sich um Soziologen handelt; und vom Sträflings-Du ist das gelegentliche Hochmuts-Du gegenüber ausländischen Hilfskräften geblieben («Du nix krank!»).

Gott sei Dank gehen wir etwas ungezwungener miteinander um, sagen die einen; die anderen: Hier findet eine traurige Einebnung statt – obwohl wir zwischen Fremdheit und Vertrautheit, zwischen Antipathie und Liebe gern weiter unterscheiden möchten. Wie kam das Abdrängen der gehobenen Anrede in Gang, und was folgt daraus? Was habe ich davon, wenn der Chef statt «Sie Flasche!» nun «Du Flasche!» zu mir sagt? Ohne Mühe lassen sich ja mindestens fünf typische Arten unterscheiden, wie wir uns zu unseren Mitmenschen verhalten. Wir begegnen dem anderen mit Hass, Angst oder Verachtung; er ist uns gleichgültig, ein bisschen

Distanz also willkommen; oder wir wollen Offenheit zum Gespräch signalisieren, oder Sympathie bekunden, oder gar Liebe. Dass sich diese fünf Abstufungen nur in zwei Anredeformen umsetzen liessen, war dürftig genug.

Die Form über dem Du hiess einst Ihr, erhalten in manchen Dialekten und uns aus Floskeln wie «Euer Gnaden» noch im Ohr. Im 18. Jahrhundert wurde unter Adligen und Bürgern das Ihr vom Sie verdrängt. Technisch war und ist das mit einem schlimmen Nachteil behaftet: Die Anrede *Sie* (Herr Meier) und die Personalpronomina *sie* (Frau Meier) oder *sie* (alle Meiers) klingen gleich, und wenn gar zwei von ihnen aufeinanderprallen, dann müssen Schreiber nachdenken und Leser scharf hinschauen, wenn sie den Sinn nicht durcheinanderbringen wollen.

Der Satz «Können SIE SIE sehen?» kann ja nicht weniger als zehnerlei bedeuten: Können Sie Frau Meier / die Meiers sehen? (*Sie sie*). Kann Frau Meier / Können die Meiers Sie sehen? (*sie Sie*). Kann Frau Meier Frau Müller – Frau Meier die Müllers – Frau Müller Frau Meier – Frau Müller die Meiers – die Meiers die Müllers – die Müllers die Meiers sehen? (*sie sie*). Und selbst die Abfolge *Sie Sie* kommt vor: «Es irritiert mich, wenn Sie Sie sagen.»

Zum Absterben des Sie hat diese kleine Beschwer jedoch nichts beigetragen – eher schon eine andere Mühsal den Tod des Du im Englischen herbeigeführt: Die Angelsachsen betreiben ja, einem populären Vorurteil zuwider, seit dem 19. Jahrhundert das zwanghafte Siezen. Du hiess *thou* (mit au gesprochen) und zog in dieser sonst so flexionsarmen Sprache eine klangvolle, archaische Endung nach sich: Wo wohnst Du? heisst bei Shakespeare: «Where dwellest thou?», und die Jesus-Frage «Was willst du, was ich dir tun soll?» lautet in der englischen Bibelversion: «What wilt thou that I shall do unto thee?» Noch in einem Roman von 1840 war zu lesen: «Thou wilt confide in me thy sorrows, as thou ever didst – wilt thou not, Leoline?»

Nein, Leoline will schon lange nicht mehr, und auf das zwanghafte Siezen der Englischsprachigen ist in den letzten Jahrzehnten unter den Deutschsprechenden weiterhin das zwanghafte Duzen gefolgt. Selbst die schrumpfende Minderheit der Siezer hält es für ein bisschen altertümlich, wenn Thomas Mann seinen Settembrini auf dem Zauberberg sogar gegen das Faschings-Du protestieren lässt: Eine «widerwärtige Wildheit» äussere sich darin, ein liederliches, schamloses Spiel. Auch Traditionalisten beginnen auf Mischformen einzuschwenken, das Siezen mit dem Vornamen: «Das sollten Sie nicht tun, Theo» in Hamburg und «Claude, comment allez-vous?» in Paris. Andererseits geniesst es, einer Umfrage in Deutschland gemäss, die Mehrzahl der Gymnasiasten immer noch, in das Alter einzutreten, indem die Lehrer sie siezen müssen.

Wie wird es weitergehen? 1993 stellte der «Spiegel» die Diagnose, das Sie sei wieder im Kommen, man ziehe zum Selbstschutz Grenzen; ja richtig böse rückte das Blatt dem Du auf den Leib: «Wie eine Seuche» habe es sich ausgebreitet, als es vor zwanzig Jahren aus seiner angestammten Heimat ausgebrochen sei: den Wohngemeinschaften, Tanzsälen und Jeans-Boutiquen.

Doch dass ein Nachrichtenmagazin mal wieder einen Trend entdeckt, ist ein überaus dürftiges Indiz dafür, dass es ihn auch gibt. Wäre da aber wirklich eine gegenläufige Bewegung im Gange: Sie könnte kaum mehr als ein Zacken in einer sinkenden Kurve sein. Die langfristige Entwicklung ist in dem Satz von Robert Walser ausgedrückt, Demokratie sei zu dem Recht geworden, «sich jedem und jeder gegenüber so zu benehmen, als kennte man ihn». Weniger Titel, weniger Vorrechte – da wir das bejahen, können wir das Sterben des Sie, das naheliegenderweise damit einhergeht, nicht tadeln. Aber ein bisschen trauern dürfen wir – vielleicht sogar uns heimlich eine Sprache wünschen, in der nicht nur das erste Du ein Fest wäre, wie es das für die Älteren unter uns gewesen ist, sondern in der man über drei, vier Stufen zu einem Grad der Vertrautheit hinabspringen könnte, dem die Sprache sich von jeher verweigert hat.

Die Sprachpolizei geht um

Sie haben ja recht, die Indianer in den USA, dass sie nicht länger *American Indians* heissen wollen – so bisher die regierungsamtliche Bezeichnung und das Stichwort im Lexikon, da Indian ohne den Zusatz American auf englisch sowohl Indianer wie Inder bedeutet; die Behauptung des Kolumbus, dass er in Indien gelandet sei, ist da auf noch verwirrendere Weise als im Deutschen konserviert. *Native Americans* wollen die Indianer sein, in Amerika Geborene also. Doch der Sprachkritiker der *New York Times* hat dagegen bereits eingewandt, das sei eine Diskriminierung der meisten weissen Bürger der USA, die schliesslich ebenfalls in Amerika geboren seien.

So schwierig ist es, den Wünschen von Volksgruppen, Minderheiten, Benachteiligten sprachlich nachzukommen. Mit dem Versuch der letzten Jahre, eben dies radikal zu tun, haben sich die Amerikaner, angeführt von Linksliberalen, Feministinnen, Homosexuellen und Schwarzen, eine schwere Last aufgebürdet, genannt Political Correctness. Ihre Anhänger handeln in der Überzeugung, dass Benennungen immer auch Werturteile sind, aus denen Handlungen folgen können.

Das ist ja richtig – nur: Wie war das mit den

«Schwarzen»? Bis gegen Ende der sechziger Jahre galt dies als Schimpfwort für jene Amerikaner, die damals korrekt Farbige oder Neger hiessen. Dann stülpte die Bewegung Black Power die Bewertung um. Das war eine kühne Tat und ihr gutes Recht – wie einst bei den evangelischen Christen, als sie sich den Vorwurf «Protestanten» erhobenen Hauptes zu eigen machten. Doch einen schlimmen Nachteil hat diese Kühnheit auch: Die Schwarzen sind natürlich so wenig schwarz, wie die Europäer mit ihren unzähligen Mischfarben Weisse zu heissen verdienen. Die Umwertung blies also einer rassistischen Unterscheidung europäischer Herrenmenschen des neunzehnten Jahrhunderts («die gelbe Gefahr!») neues Leben ein. So ist es wohl ein Fortschritt, dass die Schwarzen sich mehr und mehr Afro-Amerikaner nennen; nur dass die hellhäutigen Bewohner Nordafrikas es sich verbitten, zusammen mit den dunkelhäutigen im Süden unter den Oberbegriff Afrikaner geschoben zu werden.

Glatte Lösungen gibt es eben nicht, wo immer die Sprache mit Menschenrechten und Leidenschaften zusammenstösst. Und der löbliche Wunsch, niemanden durch fahrlässige oder gar mutwillige Wortwahl zu kränken, produziert immer Umständlichkeit, oft Lächerlichkeit und, zumal in jüngster Zeit in Amerikas Universitäten, eine Art Tugendterror, der den Irrsinn streift. In einer Übersetzung des Andersen-Märchens von der kleinen Meerjungfrau wurde aus der Beschreibung ihrer zarten Arme das Wort «weiss» gestrichen, weil es eine rassistische Anspielung sei; als solche gilt an manchen Universitäten auch der historische Begriff «Schwarze Magie».

Gewiss, Witze zulasten ethnischer Minderheiten können bedenklich sein. Doch wie steht es mit jenen vielen Juden, die sich in ihren Witzen mit Vergnügen selbst verspotten? Und wieviel harmloser Spass ginge verloren, wenn die Amerikaner nicht mehr über die Iren, die Deutschen über die Ostfriesen, die Schweizer über die Appenzeller witzeln dürften? Russell Baker, Satiriker der *New York Times*, nannte 1993 unter den Gründen, warum er nicht Richter am Obersten Gerichtshof werden könnte, den: «Viele Jahre lang habe ich schamlos über Tausende von ethnischen Witzen gelacht und fünf oder sechs davon richtig komisch gefunden.» Die Political Correctness sei der jüngste Ausfluss der puritanischen Gesinnung, dass Freiheit nicht so viel zähle wie Entrüstung.

Das Nachrichtenmagazin «Time» schlug 1994 ironisch vor, das Schlagwort der Französischen Revolution nachträglich in »Freiheit, Gleichheit, Schwesterlichkeit» umzuwandeln. Dagegen meinten zwei deutsche Sprachwissenschafterinnen es ganz ernst, als sie, vom Magistrat der Stadt Frankfurt am Main mit der feministischen Durchleuchtung der Amtssprache beauftragt, die grammatische Tücke beklagten, die uns nötige, «Wer rastet, *der* rostet» zu sagen oder «Wer zu spät kommt, *den* bestraft das Leben» (als ob Frauen nicht ebenfalls rosten oder sich verspäten könnten).

Längst haben die Fanatiker der sprachlichen Korrektheit eine ebenso eifernde Gegenbewegung ins Leben gerufen. Der amerikanische Historiker Arthur Schlesinger spricht von der Zerschlagung der USA in selbstgerechte Minderheiten, der Kunstkritiker Robert Hughes von der drohenden «Balkanisierung» Amerikas. Umberto Eco zieht gar eine Parallele zum Wüten der Roten Brigaden während der chinesischen Kulturrevolution.

Ja, den Wortführern der politischen Korrektheit ist es gelungen, ein ursprünglich humanes Anliegen zu pervertieren. Die Sprache haben sie zur Magd ihrer Masslosigkeit gemacht – wo sie doch nur bei viel Augenmass und ein bisschen Augenzwinkern blühen kann. Ein geeignetes Instrument, totale Gerechtigkeit herbeizuführen oder auch nur auszudrücken, ist sie nie gewesen und kann sie nicht sein. Der Stuttgarter Oberbürgermeister Rommel, sagte 1993 zu einem anderen Versuch der Sprachlenkung: «Es gibt im heutigen Sprachgebrauch kein Unkraut und kein Ungeziefer mehr, bloss noch Wildkräuter und Natur. Aber wenn die Natur in der Speisekammer stattfindet und auf der Butter herumläuft, ist es auch nicht das Wahre.»

Warum man zu wenig schreiben sollte

Schreiben kann man natürlich so: «Mehr und mehr von heftiger Rührung ergriffen, konnte Heinrich die Worte nur mit Anstrengung herausstossen. Die Tränen strömten über seine Wangen, und als ihm die Stimme unter Schluchzen versagte, stand er stumm vor den im Innersten ergriffenen Eltern. Bestürzt und erschüttert blickten sie auf diesen Sohn, der nun der Verzweiflung nahe war.»

So kann man schreiben, aber man sollte es nicht – nicht also wie in diesem Beispiel aus «Engelhorns Roman-Bibliothek» von 1905. Ein Schriftsteller darf von zehn beabsichtigten Wörtern nur eines schreiben und nicht elf, hat Ludwig Thoma gefordert – und hier wimmelt es von elften Wörtern: zu den Tränen auch noch das Schluchzen, stumm mit versagender Stimme und bei alldem der Verzweiflung nah, und *wo* waren die bestürzten Eltern ergriffen? Im Innersten. Ungebremste Geschwätzigkeit oder Zeilenschinderei? Egal – wer Leser fesseln will, der ist zum Gegenteil aufgerufen; nach dem Satz Voltaires: «Die Kunst, langweilig zu sein, besteht darin, alles zu sagen.»

Wie man nicht alles ausdrückt, das demonstrieren grosse Schreiber auf viererlei Weise. Erstens: Sie geizen mit Wörtern nach Ludwig Thomas Rat, sie streichen Füllwörter und die meisten Adjektive, weil die die Sätze nur verdünnen. Die farbigsten Bilder entstehen im Kopf des Lesers dann, wenn er kraftvolle Worte mit seinen eigenen Vorstellungen und Erfahrungen ergänzen kann.

Zweitens: Grosse Schreiber geizen mit Einzelheiten. Alle Gegenstände in einem Zimmer, alle Handlungen während eines Aufruhrs zu beschreiben ist unmöglich. Nur sollte man daraus nicht folgern, man dürfe Leser mit Floskeln abspeisen (überladenes Zimmer, grosses Durcheinander). Nein, Leser lechzen nach Details – nur eben nicht nach allen, sondern nach typischen, dem *Pars pro toto*, dem Teil statt des Ganzen. Es gibt keine bessere Stilfigur – vom biblischen Gleichnis, das nur die Lilien auf dem Felde nennt, obwohl für alle Pflanzen dasselbe gilt, bis zu Fräulein Smillas Bekenntnis (bei Peter Høeg): «Ich habe eine Schwäche für Verlierer – für Invalide, Ausländer, den Dicken in der Klasse und für alle, mit denen keiner tanzt.»

Drittens: Sie beschreiben nur Handlungen und überlassen alle Gedanken dazu dem Leser. Meister darin sind Isaak Babel und Ernest Hemingway, beide ohnehin durch kargen Stil bekannt; doch oft wählen auch solche Dichter diesen Weg, von denen man es nicht vermutet hätte, Grillparzer zum Beispiel. In seiner Selbstbiographie berichtet er von seinem Besuch beim alten Geheimrat Goethe: «Von den Tischereignissen ist mir nur noch als charakteristisch erinnerlich, dass ich ... in dem neben mir liegenden Stücke Brot krümelte und dadurch unschöne Brosamen erzeugte. Da tippte denn Goethe mit dem Finger auf jedes einzelne und legte sie auf ein regelmässiges Häufchen zusammen.» Und mit keinem Wort erwähnt der Schreiber, dass er dies als abstossend empfunden haben dürfte; diese Vorstellung selber zu gewinnen, aktiviert den Leser und befriedigt ihn.

Viertens: Nicht einmal die Handlungen beschreiben sie ganz. Den Tod Dantons teilt Büchner, ausser im Titel des Dramas, gar nicht mit. Danton schmäht den Henker – nächste Szene: Vier Frauen plaudern und klagen über das Sterben – letzte Szene: Zwei Henker gehen singend heim. Ähnlich endet Hemingways «Wem die Stunde schlägt»: Robert Jordan, der Held, liegt mit zerschmettertem Bein auf dem Waldboden und kämpft nur noch um eines: dass er, bevor er die Besinnung verliert, die Flucht seiner Freunde vor Francos Soldaten decken kann, indem er möglichst viele tötet. Als die Verfolger sich ihm ahnungslos auf zwanzig Meter genähert haben, schliesst der Roman mit dem Satz: «Er spürte das Pochen seines Herzens auf dem Nadelboden des Waldes.»

Hemingway selbst hat dem Schriftsteller die «Eisberg-Technik» empfohlen: nur die Spitze zeigen; der Leser ergänzt sie in seiner Phantasie um die viel grössere Eismenge, die unter Wasser liegt. Die

Stilistik spricht hier von Implikation (das Nichtgesagte wird einbezogen) oder Unterdetermination (es wird weniger als das logisch Notwendige ausgedrückt). Ist bei Büchner wie bei Hemingway der unausgesprochene Schluss der Handlung völlig klar, so geht Somerset Maugham in seiner Novelle «Rain» noch weiter: Der Leser muss sich selber zusammenreimen, was geschehen ist.

Da will also ein Missionar auf einer Südsee-Insel eine Hure vor der Hölle retten, in heiligem Eifer redet er auf sie ein bei Tag und bei Nacht. Eines Morgens aber liegt er mit durchschnittener Kehle am Strand – Selbstmord! Die Hure lässt von ihrem Grammophon Ragtime auf die Strasse dröhnen, und den entgeisterten Freund des Missionars, Dr. Macphail, empfängt sie mit den Worten: «Ihr Männer seid alle Schweine.» Danach heisst es nur noch: «Dr. Macphail keuchte. Er verstand.»

Hier alles zu sagen, hätte den Leser um eine kleine Anspannung betrogen, um ein Aha-Erlebnis. «Wenn zwei Sätze geschrieben sind, muss ein dritter, nicht geschriebener, entstehen», sagt Julien Green. «Der Klang dieses idealen Satzes muss hörbar sein, doch nur ein schlechter Schriftsteller würde versuchen, ihn in die Schrift zu sperren – er muss wehen wie ein Hauch, er ist es, der die Seite atmen lässt.» Anders als bei jenen Schluchzenden, die erschütternderweise auch noch Tränen vergiessen.

Wie man sich nach oben liest

Jedes Kind erlernt die Sprache dadurch, dass es Menschen lauscht, die eine Reihe zunächst unverständlicher Laute von sich geben und, wenn sich die ersten Rätsel lösen, immer noch viel besser sprechen als es selbst. Schade, dass so viele Erwachsene aufgehört haben, sich ihrerseits an Sprachmodellen fortzubilden, die ihrem eigenen Können überlegen sind. Wer sich mit «Bild» oder «Blick» oder der Fernsehunterhaltung zufriedengibt, verschenkt eine Chance.

Das Kind muss weiterlernen: Kaum kann es sich verständlich machen, wird es zumeist mit dem verwirrend grossen, oft archaischen Wortschatz der Märchen konfrontiert. «Und waren sie also für ihre Bosheit und Falschheit auf ihr Lebtag gestraft», schliesst die Geschichte vom Aschenputtel. Nach einzelnen Wörtern fragt das Kind, doch abgestossen von dem weithin fremdartigen Sprachangebot fühlt es sich offensichtlich nicht, im Gegenteil: «Gleich noch mal!» fordern ja die meisten, und auf gutgemeinten Austausch schwieriger Wörter reagieren sie empfindlich.

In der Schule lesen sie dann Gedichte – wieder Sprachprodukte also weit über ihrem Horizont; mit Wörtern, die sie kaum kennen: «Die goldnen

Sternlein *prangen*» (bei Matthias Claudius), oder «Es *wallt* das Korn weit in die Runde» (bei Gottfried Keller); noch dazu in einer Reihung und mit Reimen, wie die meisten von ihnen sie nie beherrschen werden.

Stört das den Lerneffekt, behindert es das Wohlgefallen? Umgekehrt. Für unseren Umgang mit der Sprache gilt dasselbe, was Stendhal über ungewohnte Gedanken gesagt hat: «Der Geist muss fünf oder sechs Grad über den Ideen des Publikums stehen. Steht er acht Grad über ihnen, dann bereitet er dem Publikum Kopfschmerzen.» Auf Sprachmodelle angewandt, bedeutet das: Für Sechsjährige ist Thomas Mann zu schwierig, aber ebenso falsch wäre es, ihn Sechzehnjährigen *nicht* anzubieten.

Und wir, die wir längst erwachsen sind? Es gibt keine Grenze für unsere Möglichkeit, immer tiefer in unser kostbarstes Kulturgut einzudringen, unser Hirn am Können der Meister zu schulen und zusammen mit dem Niveau unserer Sprache das unseres Denkens zu heben; wir müssen uns nur unser Leben lang die Texte suchen, die unseren Horizont um fünf oder sechs Grad überragen – statt uns die Worte wie gebratene Tauben ins Maul fliegen zu lassen, bis wir fett geworden sind.

Am leichtesten lässt sich erklären, wo man solche Sprachmuster *nicht* findet – nicht in den meisten Fällen dort, wo eine Wissenschaft sich, wie so oft, bemüht, die Schlichtheit ihrer Aussagen hinter einem Panzer aus pompösen Worten zu verbergen. Wenn in einer Untersuchung über die Anfänge des Menschen seine Gewohnheit, auf zwei Beinen zu gehen, als «habituelle bipede Lokomotion» bezeichnet wird, so liegt hier nicht die Chance vor, durch neue Wörter zu facettenreicherem Denken zu gelangen, sondern schiere Hochstapelei.

Nicht zum Vorbild nehmen sollten wir uns ebenso die gequälten Sätze, an denen so viele Verwaltungsbeamte und leider auch Journalisten ihr Vergnügen finden: «Vor Zentralismus und mehr Entscheidungskompetenzen für Europaparlament, Ministerrat und Kommission beim Zusammenwachsen Europas zur Europäischen Union hat der Wissenschaftliche Beirat beim Bundeswirtschaftsministerium gewarnt» (Deutsche Presseagentur).

Was es denn nun wert wäre, gelesen zu werden – das lässt sich nur in Andeutungen fixieren; denn hier kommt erstens der Geschmack ins Spiel und zweitens die Frage, ob man auch von solchen Sprachmeistern profitieren möchte, deren Meinungen man nicht teilt oder gar verabscheut.

Das zweite – auch vom Gegner zu lernen – wäre dringend anzuraten: Zu vieles, was formal grossartig ist und unsere Ganglien unter Spannung setzt, müsste sonst ungelesen bleiben. Man muss nicht Jude sein, um das Alte, nicht Christ, um das Neue Testament als Sprachkunstwerk zu würdigen. Man kann sich über Brechts marxistische Exzesse ärgern und sich dennoch seinen saftig-lapidaren Stil zum Vorbild nehmen. Man braucht von der Psychoanalyse nichts zu halten, um sich gleichwohl an der Klarheit und der souveränen Eleganz der Sprache Sigmund Freuds zu laben. Man mag sich von Nietzsches Immoralismus oder seinem «Übermenschen» abgestossen fühlen und sollte doch zur Kenntnis nehmen, dass Nietzsche der grösste Virtuose der deutschen Prosa war – seit Goethe, sagt Thomas Mann, laut Gottfried Benn sogar seit Luther.

Ohne Vorbehalte schliesslich wird sich jeder, dem der Aufstieg zum erhöhten Horizont willkommen ist, Grossmeistern des Deutschen widmen können wie Lessing, zumal seinen Streitschriften, wie Lichtenbergs Sudelbüchern, Kleists Novellen, Heines Prosa, Kafkas Briefen. An die Grenzen des Sagbaren kann er sich herantasten mit Thomas Mann, wenn der im «Dr. Faustus» einen stotternden Lehrer erklären lässt, warum Beethoven zu seiner Klaviersonate opus 111 keinen dritten Satz geschrieben hat. Begeistern kann er sich an dem Ausruf des armen Schulmeisters in Büchners «Leonce und Lena»: «Wir geben aber auch heut abend einen transparenten Ball mittelst der Löcher in unseren Jacken und Hosen und schlagen uns mit unseren Fäusten Kokarden an die Köpfe.» Das sorgt für Durchblutung, und die bietet die «Bildzeitung» nicht.

Auch Eisberge kochen nur mit Wasser

Wenn sich Vögel mausern, so stossen sie die alten Federn ab und bekommen ein frisches Kleid. Dass sie dabei Vögel bleiben, sollte festgehalten werden – wenn wir nämlich eines der beliebtesten Beispiele für Bildersprache anleuchten: dass dieser oder jenes sich gemausert habe *zu* … Etwa ein Bahnhof zum Museum oder ein Feind zum Freund oder «die Seifenoper zum Einschaltquotenrenner». All das kann man in der Zeitung lesen. Was geht hier im Kopf des Schreibers vor?

Erstens, er wünscht seine Sprache mit einem Bild zu schmücken. Zweitens, er bedient sich – das spart Zeit und Geisteskraft – eines Bildes, an dem schon tausend Schreiber vor ihm herumgefummelt haben; viel Schmuck für die eigene Sprache fällt da nicht mehr ab. Drittens, er glaubt entweder, dass Feinde, Opern, Bahnhöfe ein Federkleid besässen – oder dass es zumindest naheliegend wäre, sie mit gefiederten Flugobjekten zu vergleichen. Viertens schliesslich unterstellt der Schreiber, dass am Ende der Mauser ein gänzlich anderes Wesen stehen, aus dem Vogel also etwa ein Zitronenfalter geworden sein könnte.

Wer so viele Torheiten mit nur zwei Silben zu begehen weiss, der lässt die Spitze eines Eisberges aufblitzen, den wir nicht unter den Teppich kehren sollten: Er verwendet Bilder, aber er betrachtet sie nicht, oder anders ausgedrückt: Zwar soll ein Publikum ihm lauschen, aber sich selber hört er nicht zu. Er sollte wissen und beherzigen, dass Stauseen nicht brechen und Dämme nicht überlaufen, sondern umgekehrt; dass man sich auf Quellen nicht stützt, sondern aus ihnen trinkt oder schöpft – das sind klare Bilder, die die Sprache frisch halten und dem Schreiber Blamagen ersparen.

Dabei ist einzuräumen: Eine stimmige Bildersprache hat es nicht leicht, sich gegen schlechte Gewohnheiten und eingebaute Schwierigkeiten durchzusetzen. Wer Öl ins Feuer schüttet, facht es an; wer Öl auf die Wogen giesst, besänftigt sie. Jedes der beiden Bilder entspricht einer Eigenschaft des Öls – doch sie sprechend oder hörend auseinanderzuhalten ist nicht leicht. Die Farbe Schwarz drückt bei Listen und bei Schafen etwas Negatives, bei Zahlen etwas Positives aus; und während wir uns bei den Öl-Bildern noch an die natürliche Beschaffenheit halten, geraten wir hier mit unserer eigenen Bildersprache in Konflikt: Was heisst denn «schwarz»? Wenn wir blaue Zahlen in grüne Listen setzten, wäre nichts verloren.

Auch kennen wir schiefe Bilder mit literarischer Beglaubigung: Wenn in Goethes «Prometheus» *nicht alle Blütenträume reiften,* muss der Hinweis gestattet sein, dass das Reifen nicht den Träumen, sondern den Blüten widerfährt, dass also von den allein korrekten «Traumblüten» nur mit einer gewissen Strapazierung der dichterischen Freiheit abgewichen werden kann. Mephistos Satz «Grau, teurer Freund, ist alle Theorie und grün des Lebens goldner Baum» würde uns einen ähnlichen Schmerz bereiten – wäre da nicht die Hoffnung, die Wahl der unverträglichen Farben sei eine stilistische Entsprechung zum Zynismus der Ratschläge, die Mephisto dem Schüler erteilt.

Nur dass wir damit leider auf ein weiteres Problem der Bildersprache stossen: Manchmal will sie ja die Bilder durcheinandermengen, von der ironischen Absicht über die Flapsigkeit des Jugendjargons (in einer Musikzeitschrift für junge Leute: «Ivo Pogorelich lässt vergessen, dass hier einer am stinknormalen Flügel auch nur mit Wasser kocht») bis zum schieren Mutwillen des Schülerwitzes («Das schlägt dem Fass die Krone auf den Gipfel»). Und nicht immer lässt sich entscheiden, ob da ein klarer, ein bedingter oder überhaupt kein Vorsatz waltete. Angenommen, ein Provinzbildhauer würde in der Kritik als «der Michelangelo von Mümliswil» gerühmt – sollen wir dies als gutgemeintes Lob oder als Verspottung lesen?

Ganz offensichtlich gut gemeint und eben dabei unfreiwillig komisch: Das ist die Bildersprache, die uns als Hörer und Leser entzückt. Ihre Grossmeisterin war Friederike Kempner, «die schlesische

Nachtigall», die 1873 in ihren «Gedichten» ein Kompendium der Stilblüten lieferte; so kreuzte sie die böse Stiefmutter mit dem Glückspilz zum bejammernswerten «Stiefpilz des Geschicks». Richard Muther, mit seiner «Geschichte der Malerei im 19. Jahrhundert» vor kurzem von der *NZZ* gewürdigt, liebte Sätze wie: «Delaroche nahm von der romantischen Begierde nur einen halben Esslöffel voll ein.»

Politiker sind nicht viel besser, wenn sie beispielsweise fordern: «Die öffentliche Hand sollte endlich auf die Preisbremse treten.» Der Sorge, dass die staatlichen Wohltaten sich vermindern könnten, stellten die deutschen Gewerkschaften in den achtziger Jahren die Warnung entgegen: «Wir lassen uns das soziale Netz nicht durchlöchern!»

Der gern unterschätzte Rhetor Helmut Kohl macht auch zwischen seinen Bildern eine starke Figur. Zu Weihnachten sprach er: «Die Menschen wollen Wärme sehen» (als ob nicht mancher sie lieber hören würde!), und in die Annalen der unfreiwilligen Komik schrieb er sich ein mit dem Satz: «Wichtig ist, was hinten rauskommt.» Dass auch darüber gelacht wurde, ist insofern tragisch, als es an der Wahrheit dieses Kohlschen Ausspruchs eigentlich nichts zu rütteln gibt.

Ein Kaubeu am Rein

Dass wir eine Lautschrift hätten, im Unterschied zu den Bilderschriften der alten Ägypter oder der Chinesen, wird gern gesagt und ist doch in doppelter Hinsicht irreführend: Weder sind unsere Laute geeignet, das, was sie benennen, halbwegs sinnvoll abzubilden, noch sind unsere Buchstaben imstande, die gesprochenen Laute in schlüssige Symbole umzusetzen.

Der erste Irrtum – Lautmalerei sei der Ursprung unserer Wörter – geistert seit Platon durch die Gespräche der Gebildeten; vom zweiten Irrtum profitieren unsere rührigen Rechtschreibreformer: Sie wollen das Schriftbild ändern und übersehen dabei, dass auch wir im Grunde eine Art Bilderschrift besitzen; einen Vorrat an vertrauten Wortbildern nämlich, den wir uns nicht gern durcheinanderbringen lassen.

Einen Reinfall kann man sicher auch in Schaffhausen erleben, aber mit dem Rheinfall hat er nichts zu tun. Das h in Rhein ist einerseits ein historischer Ballast, und andererseits würden wir den alten Rhein nicht wiedererkennen, wenn man ihm das h raubte, bloss weil es phonetisch sinnlos ist. Nun sollen wir uns, wenn es nach den Reformern geht, um die Jahrtausendwende 12 500 Wortbilder einprägen, Alfabet zum Beispiel oder Stängel, weil der eigentlich eine kleine Stange sei. Eine Umgewöhnung, eine Belästigung also wird uns zugemutet, und der Vorteil, der sie aufwiegen soll, liegt auf einem Feld, auf dem die Schrift ohnehin wenig zu vermelden hat: der Logik. In strikter Lautschrift würden viele unserer Wörter plötzlich Fremde sein – oder wie lange müssten wir grübeln, um uns klarzumachen, was ein Kaubeu ist?

Vieles, was das Alphabet leisten könnte, verlangen wir ihm gar nicht ab. *Wint* könnten wir schreiben, denn so sprechen wir; *Wind* aber schreiben wir. Der Diphtong ei entsteht nicht dadurch, dass wir e mit i, sondern dass wir a mit i verschmelzen (wie in Mai). Ebenso wäre das eu eigentlich oi zu schreiben (wie in ahoi) und das au besser ao (wie in Kakao); mit allzu klarem u sprechen das au nur Schwaben und Schweizer aus. Anderes, was das Alphabet leistet, nützt uns nichts: Warum haben wir ein c, da sein Lautwert doch durch z oder durch k wiedergegeben werden könnte – warum ein v, wenn wir es entweder wie f oder wie w aussprechen?

Und vieles schliesslich, was wir brauchen, verweigert uns das Alphabet. Durch die gesprochene Sprache torkelt ein Dutzend Laute, die keinen Buchstaben gefunden haben: Wer «Schule» schreibt, muss eine Häufung von drei Zeichen zu Hilfe nehmen, die, hintereinander gesprochen, niemals den

Laut sch ergeben. Dem ch ergeht es nicht besser, ja es teilt nicht einmal mit, ob es hart wie in «ach» oder weich wie in «ich» gesprochen werden soll.

Wie sehr es die Wortbilder sind, die optischen Signale der sogenannten Lautschrift also, die unser Sprachbewusstsein prägen – das macht das Verhältnis deutlich, das viele Romanen zum deutschesten aller Buchstaben haben, dem k. Das italienische Lexikon verzeichnet unter k nur kaki und knut (die Knute), das französische auch képi, kermesse und noch ein paar mehr. Was aber tun französische Politiker, wenn sie vor einer Dominanz des Deutschen warnen wollen? Sie holen sich deutsche Wörter wie «Diktat» oder «kolossal» in ihren Text. Und wie nannten Mailänder Hausbesetzer ihren rechtsfreien Raum? «Leonka» – sinnlos, aber provokant; wie sie auch Kraxi schrieben oder Amerika, wenn sie ihren Hass artikulieren wollten. Wir haben eben eine Bilderschrift.

Der andere Irrtum, der in dem Wort Lautschrift mitschwingt, ist die uralte Vorstellung, dass unsere Laute innig verbunden seien mit den Sachen, die sie benennen. Platon sagte im «Kratylos», die Dinge «offenbarten sich durch Nachahmung», und Johann Gottfried Herder predigte mehr als 2000 Jahre später immer noch: «Das erste Wörterbuch war aus den Lauten der Welt gesammelt.»

Nur gibt es da ein dreistufiges Problem. Stufe 1: Der Hund bellt auf deutsch wau-wau, auf englisch bow-bow oder arf-arf, auf französisch toutou, auf italienisch bau-bau, auf spanisch guau-guau. Stufe 2: Diese Wörter vertragen sich nicht nur miteinander nicht, sondern natürlich auch mit keiner Form des Gebells – oder würde je ein Tierstimmenimitator es wagen, sich ihrer zu bedienen? Stufe 3: Und in keiner Sprache *heisst* der Hund so, wie wir ihn bellen lassen – sondern dog heisst er, chien, cane oder perro, und mit keinem Naturlaut stehen diese Namen in Zusammenhang. Nichts spiegeln sie wider als die Entscheidung eines Häuptlings oder Medizinmanns, der in grauer Vorzeit dieses Zufallswort entweder erfand oder sanktionierte.

Aber der Blitz! Zerreisst er nicht die Dunkelheit mit flirrendem Licht, benennt das i nicht das Glitzern und das u die Gruft? Nicht ganz. Denn wie sollen wir die Finsternis einordnen oder auf französisch foudre? Unsere Laute sind willkürlich gewählt, und erst nachträglich hören wir Gemütswerte aus ihnen heraus – eben jene, die unsere Ahnen in sie hineingelegt haben. Dasselbe Gefühl hat auf zufällige Weise die Wörter Liebe und amour ins Leben gerufen; aber nun ist es kein Zufall mehr, dass sie uns jene Emotion vermitteln, aus der sie geboren wurden. «Was uns Rose heisst», sagt Shakespeare, «wie es auch hiesse, würde lieblich duften.»

Und wie immer er röche: Rhein soll er heissen bis zum jüngsten Tag.

Das Moshimoshi-Problem

Wäre das Übersetzen eine logische Prozedur, so müsste bei der Rückübersetzung aus einer Fremdsprache der Ursprungstext wieder dastehen; aber was geschah, als ein chinesischer Germanist den Spruch «Aus den Augen, aus dem Sinn» ins Chinesische übersetzt und ein deutscher Sinologe das chinesische Äquivalent ins Deutsche zurückgeführt hatte? Der Spruch hiess nun: «Blind und auch noch schwachsinnig.» Daraus folgt der Rat an Zeitungsleser: Wenn wir auf deutsch serviert bekommen, was eine amerikanische Nachrichtenagentur als Rede eines japanischen Politikers bezeichnet, so haben wir leider nicht annähernd erfahren, was der japanische Politiker gesagt hat.

Und nun sollen also die Computer helfen – Logik in die Sprache bringen und Verlässlichkeit in übersetzte Texte? Computer sollen schaffen, was den Menschen kaum gelingt?

Der Bedarf ist enorm: Milliarden werden ausgegeben bei den Vereinten Nationen in New York, bei der Europäischen Union in Brüssel, bei den internationalen Konzernen, die ihre technischen Handbücher, Kataloge und Gebrauchsanweisungen tonnenweise in Dutzende von Ländern transportieren. Da kann der Computer durchaus helfen: vor allem, indem er das perfekte technische Wörterbuch herstellt. Es schlägt nicht nur für jeden Begriff ein oder zwei Entsprechungen vor wie das gedruckte, sondern es speichert alle Übersetzungen, die in New York und Brüssel je verwendet worden sind, und ermöglicht es den Übersetzern über Tausende von Kilometern hinweg, sich auf das Optimum zu einigen. Auch kann der Computer alle je eingegebenen Sätze festhalten, sie wiedererkennen und so dem Menschen am Bildschirm die neuerliche Arbeit ersparen. Tausende von Übersetzern werden da entlastet und Millionen Übersetzungen schneller und besser erledigt.

Doch die Wünsche ihrer Auftraggeber gehen viel weiter und ebenso der Ehrgeiz einer neuen Zunft, der Computer-Linguisten: Den Mittler aus Fleisch und Blut wollen sie entbehrlich machen. Wird der Rahmen eng genug gesteckt, so kann das sogar gelingen: bei Katalogen beispielsweise, dort also, wo ein begrenzter Wortschatz mit dem Verzicht auf komplette Sätze einhergeht. Auch Sätze meistern die aufwendigsten der heute vorrätigen Übersetzungsmaschinen, jedoch nur dann, wenn die Sätze einfach strukturiert sind. Und schliesslich gibt es Programme mit Tausenden von geläufigen Redewendungen (also mit der Chance, dass der Sinn nicht als Schwachsinn zurückkommt).

Das ist eine Menge. Das meiste indes – alles, was nicht wiederkehrende Floskel, nicht simpler Wortschatz in gestanzten Sätzen ist – entzieht sich bis heute den Möglichkeiten des Computers; die Experten streiten sich nur, ob das noch einige Jahrzehnte so bleiben wird oder für immer. Wird der Computer je die drei Bedeutungen des Wortes *lauter* unterscheiden können in lauter sprechen, lauter sein und lauter Lügen? Wird er je begreifen, dass man nicht nur einen Rat ausschlagen kann, sondern auch einen Zahn und einen Karton mit Papier, während Zeiger und Bäume das Ausschlagen ohne uns besorgen? Plagen sich die Übersetzer nicht seit Generationen mit Problemen, die auch für sie unlösbar sind: *Liebe* umfasst *amour, affection* und *charité* – was schreibt der Franzose hin? Das amerikanische Modewort *sophisticated* kann auf deutsch geistreich, gewitzt, kultiviert und weltläufig bedeuten, aber auch raffiniert, ausgefuchst, spitzfindig und neunmalklug. Der Mensch kommt da ins Grübeln; ein geistreicher Computer von einigem Anstand müsste schweigen.

Dies alles bei geschriebenen Texten. Doch die Linguisten unter den Computer-Freaks geben sich damit nicht zufrieden. Sie arbeiten daran, dass Geschäftsfreunde in verschiedenen Sprachen miteinander telefonieren können: Was bei uns deutsch in die Sprechmuschel geht, soll in Tokio japanisch aus dem Hörer kommen. Technisch möglich ist das schon heute, doch müssen die Partner ein paar Nachteile in Kauf nehmen – vor allem diese:

1. Der Übersetzungsarbeit muss der Computer eine andere Leistung vorschalten: die Identifizierung der Wörter. Die Teilnehmer geben dem Rechner also nur dann eine Chance, wenn sie scharf artikulieren und sich dabei der Hochsprache bedienen. Ein guter Sachse unterscheidet *Brötchen* mündlich nicht von *predigen* («Preetchen», sagt er ungefähr) und sollte folglich die Dienste der elektronischen Spracherkennung besser nicht in Anspruch nehmen. Dies bleibt unabhängig vom technischen Fortschritt ein Problem.

2. Gespeichert haben die heute verfügbaren Spracherkennungssysteme maximal 2000 Wörter. Der Benutzer muss sich also der Hochsprache bedienen und sich dabei jedes Ausflugs in die Bildungssprache enthalten – ein Hochseilakt. Konrad Adenauer kam zwar mit weniger als tausend Wörtern aus, hätte jedoch mit seinem berühmten Satz «Je einfacher reden ist oft eine wertvolle Gabe Gottes» das Grammatikprogramm des Sprachcomputers überfordert.

3. Sehr schnell sind die heutigen Computer nicht. Das erste Telefongespräch mit automatischer Übersetzung, 1993 zwischen Pittsburgh und Kioto geführt, begann in Japan mit den Worten: «Moshimoshi.» Der Computer stürzte sich in seine Milliarden Rechenoperationen, und nach zwölf Sekunden ertönte in Pittsburgh die synthetische Stimme: «Hello.»

Schön wie ausgekämmte Haare

Wie riecht Dill? Welche Farbe hat die Haut der Europäer, die oft in schrecklicher Vergröberung «die Weissen» heissen? Wie beschreiben wir die Wetterscheide, an der Hass jäh in Liebe umschlagen kann und umgekehrt? Da spüren wir, wie dürftig und wie grob im Grunde unser Wortschatz ist und wie wenig geeignet, Nuancen, Schwebezustände, halbe Heimlichkeiten zu benennen. Auch wo wir, wie bei unseren starken Gefühlen, die Worte besitzen, Qual, Wut, Hunger, Gier – da sollten wir nach Mitteln suchen, die nackten Begriffe mit Farbe zu versehen.

Ein schöner Behelf für beide Fälle, den Duft und den Hass, ist der Vergleich, in der Stilistik *Gleichnis* genannt und von der *Metapher* unterschieden: Während die Metapher, wörtlich «Übertragung», dem Leser eine Übersetzungsarbeit abverlangt («ein Wüstenschiff» – aha, er meint ein Kamel), nennt das Gleichnis beides, die Sache selbst und das, womit sie verglichen werden soll: «Klug wie die Schlangen und ohne Falsch wie die Tauben», predigte Jesus, sollten wir sein.

Solche Doppelung hat mehrere Vorzüge. Sie setzt sich nicht der Gefahr aus, missverstanden zu werden oder unverstanden zu bleiben – wie «der

Ballhausplatz» als Standardmetapher in Berichten über die österreichische Regierung oder die durch die Presse geisternden «Computerviren», bei denen der Laie nicht erfährt, ob sie eine Metapher für mutwillige Störungen sind oder ob da wirklich ein Virus sein Unwesen treibt; Bakterien, die Schallplatten fressen, gibt es schliesslich. Der Vergleich vermindert ferner das Risiko unfreiwilliger Komik, von der an dieser Stelle schon die Rede war («Auch Eisberge kochen nur mit Wasser»); und mehr noch als die Metapher ist er geeignet, Kompliziertes verständlich, Abstraktes anschaulich zu machen.

«Die vielbeschworene Überalterung entsteht ja nicht dadurch, dass Alte vom Himmel fallen», schrieb Jean Lindenmann 1994 in der *NZZ*, «sondern dadurch, dass Kohorten des gleichen Geburtsjahrganges langsam die Alterspyramide hinaufturnen.» So entsteht ein Bild – also das Beste, was Sprache erreichen kann; und dass die Pyramide zu den eher abgegriffenen Vergleichen gehört, wird durch das langsame Turnen in Frische zurückverwandelt. Nietzsche lobte das Unangestrengte in der Kunst und schloss mit den Worten: «Alle guten Dinge haben etwas Lässiges und liegen wie Kühe auf der Wiese.» Über eine Aufführung von Beethovens Fünfter unter Carlos Kleiber jubilierte das Nachrichtenmagazin «Time», es sei, «als kehrte Homer zurück, um seine Ilias vorzutragen». Und Arno Schmidt fand für den Heldenwahn von Hitlerjungen Anfang 1945 den atemraubenden Vergleich: «Ihre Augen leuchteten wie die Scheiben brennender Irrenhäuser.»

Wenn sich Bildhaftigkeit mit dem richtigen Quantum Ironie verbindet, entsteht Vergnügen. Das Jodeln definierte der Kabarettist Dieter Hildebrandt als «den Information Highway oberhalb der Baumgrenze». An einer Kosakenfrau beobachtete Isaak Babel: «Ihre Brüste bewegten sich wie Ferkel im Sack.» Über das mehr als hundert Jahre lang immer weiter in die Länge gebaute und von einem Schornstein überragte Kulm-Hotel in St. Moritz konnte man lesen, es sehe aus «wie der Panzerkreuzer Potemkin im Trockendock». Der Berliner Theaterkritiker Alfred Kerr spottete über seine Kollegen: «Die Arroganz gehört zum Journalisten wie der Plattfuss zum Oberkellner.»

Da zeigt sich, wie sehr die Bosheit die Phantasie beflügeln kann. Der Wiener Feuilletonist Anton Kuh schrieb über einen ungarischen Gentleman: «Er sieht aus wie eine Kreuzung aus dem Polizeipräsidenten von Budapest mit einem, den er sucht.» Heine ohrfeigte einen geschwätzigen Handlungsreisenden, der sich im Harz zu ihm an den Tisch drängte, mit den Worten: «Er sah aus wie ein Affe, der eine rote Jacke angezogen hat und nun zu sich selber sagt: Kleider machen Leute.»

Dass Dichter einander selten loben, schlägt sich

auch in der Tücke der Vergleiche nieder. George Orwell sagte über James Joyce, sein Eifer im Erfinden neuer Wörter sei so absurd, als wenn einer allein Fussball spielen wollte. Robert Musil fand für eine Gedenkrede Thomas Manns auf Grillparzer das böse Gleichnis: «Der Herr Kollege hat eigentlich nur einige ausgekämmte Haare seiner schönen Prosa auf dem Grab Grillparzers niedergelegt.»

Man kann nicht einmal ausschliessen, dass es ein ebenso witziger wie perfider Vergleich war, der 1972 dazu beitrug, dass der CDU-Kandidat Rainer Barzel die Bundestagswahl gegen Willy Brandt verlor. Walter Scheel, der damalige FDP-Vorsitzende und mit Brandt in der sozialliberalen Koalition verbunden, brachte über Barzel den Spruch in Umlauf: «Das wäre die schlechteste Regierung, seit Caligula sein Pferd zum Konsul machte.»

Da ging es nicht mehr um Abstufung und Anschaulichkeit, sondern um den Versuch der politischen Vernichtung. Er ist eben zugleich eine Waffe, der Vergleich – von dem arabischen Dichter Ibn al-Haggag im Gleichnis besungen: «Wenn ich schweige, bin ich ein Basar von Wohlgerüchen; aber wenn ich singe, dann dampfen die Kloaken.»

«*Irre*», sagte Tschingis Khan

«Odysseus verduftete» oder «Jesus sprach zu seinen Mitarbeitern» – das erkennt jeder noch als Stilbruch. Doch wann und wie der Stil bricht, dafür sind einer wachsenden Zahl von Berufsschreibern in den letzten Jahren die Massstäbe abhanden gekommen. Was wurde da 1995 vor Hunderttausenden von Lesern oder Hörern beispielsweise ausgebreitet?

Im Berner «Bund»: «Der Solist stürmte allzu forsch und ohne Rücksicht auf Verluste vorwärts.» Ohne Rücksicht auf Verluste, das ist eine militante, noch dazu von Hitler gern benutzte Floskel – was hat sie in einer Konzertkritik verloren? In der «Berliner Zeitung»: Das Bundeswirtschaftsministerium will «die heissbegehrten Bewilligungsbescheide jetzt rucki-zucki zusammenstellen» – Jugendjargon auf dem Behördenweg. In der «Süddeutschen Zeitung»: Der Krieg in Tschetschenien fordere «jede Menge Opfer». Der Schreiber war also in die grassierende Mode verliebt, das schlichte Wort «viele» durch «jede Menge» zu ersetzen; und da ihm das Gespür für die Flapsigkeit fehlte, die darin mitschwingt, produzierte er einen Stilbruch von ungewöhnlicher Geschmacklosigkeit.

Ein anderer Tiefpunkt im «Westdeutschen Rundfunk»: «Nachdem der Balkan wieder auf Platz 1 in der Medien-Agenda vorgerückt ist, wird deutlich: Die bosnischen Serben verarschen die Welt.» Da hat einer so lange Kommunikationswissenschaft studiert, bis er die pompöse Missgeburt «Medien-Agenda» in die Welt setzen konnte, und zugleich so lange in Studentenkneipen gehockt, bis er sich mit dem Verarschen anfreundete – und dann hat er Hörsaal und Kneipe zu Quark verrührt.

Das waren ein paar von den überdeutlichen Symptomen für den Zusammenbruch des Stilgefühls. Doch was hat ihn verursacht? Wahrscheinlich der Umstand, dass wir eines zu viel tun und ein anderes zu wenig.

Zu oft lassen wir uns von den Dampfplauderern auf zu vielen Kanälen die Wohnstube mit Wortmüll zuschütten. Plappernde Narren hat es vermutlich schon an den Lagerfeuern der jüngeren Altsteinzeit gegeben; doch erstens war damals ein Häuptling zur Stelle, der ihnen das Wort verbieten konnte, und zweitens streckte man ihnen keine Mikrophone entgegen, mit denen sie ihr Geschwätz zu Millionen Ohren hätten schicken können.

Zu oft auch treiben ältere Jahrgänge einen merkwürdigen Kult mit der Jugendsprache. Es ist nicht neu und kaum bemerkenswert, dass Halbwüchsige dazu neigen, sich an umgestülpten Regeln und rotzigen Tiraden zu ergötzen; höchstens, dass der modische Kaugummi die Sprache manchmal wie ein blosses akustisches Nebenprodukt des Schmatzvorgangs erscheinen lässt. Neu ist der beflissene Eifer, mit dem solche Sprechblasen zum Gegenstand akademischer Inventur und Analyse gemacht werden, und neu ist, damit im Zusammenhang, die Einschüchterung der Erwachsenen. Einst nahmen sie den Jugendjargon als pubertäres Durchgangsstadium zur Kenntnis wie Pickel und rüde Manieren; heute trifft Peter Handke einen grossen Teil der Wahrheit, wenn er schreibt: «Endlich gegen Mitternacht kommen die Söhne vom Kino mit neuen Redensarten nachhause, und die müden Eltern auf dem Sofa lachen demütig mit.»

Dieser Jugend hat niemand mehr Respekt vor irgendeinem Sprachprodukt entlockt oder notfalls aufgenötigt – und das ist es, was wir zu wenig tun. Eine Sprache wächst und blüht nämlich mit ihren heiligen Texten, und wo es solche nicht mehr gibt, treibt sie dem Verfall entgegen – diese Diagnose wird man stellen dürfen, ob man evangelischen, katholischen, mosaischen oder überhaupt keines Glaubens ist. Sprachprodukte, die der Mehrheit oder den Meinungsführern eines Volkes als heilig galten oder gelten (wie die Bibel, der Talmud, der Koran) oder die zumindest in allgemeinen Ehren standen wie einst die Schillerschen Balladen – sie haben ja einen doppelten Vorzug: Wer gut oder gar grossartig schreiben will, weiss, woran er Mass zu nehmen hat; wer sich aber von so viel Heiligkeit erholen oder sich ketzerisch von ihr distanzieren möchte, der profitiert immer noch davon, dass er seinen Gegner kennt – und Spott über Heiligtümer auszugiessen gibt der Sprachphantasie eine Richtung und einen Schwung, die keiner haben kann, der nur Platitüden in alle Winde streut.

Das Heilige, das Grossartige, das Satirische, das Komische bedingen einander. Wo es keine Sprachtabus mehr gibt, entfällt auch die Chance, sie zu respektieren oder sie zu brechen. Wie anders wäre es zu erklären, dass die Juden, auf heilige Schriften eingeschworen wie kein anderes Volk, die geistreichsten, selbstkritischsten, bösesten Witze auf Erden produzieren und in Hollywood die bissigsten Dialoge? Und dass, wiewohl von Zynismus frei, das evangelische Pfarrhaus eine so überaus erfolgreiche Pflanzstätte von Sprachgenies gewesen ist wie Lichtenberg und Nietzsche? Am Pathos geschult, fand der den Titel «Also sprach Zarathustra». Und wenn belesene Studenten (eine sterbende Gattung) diesen Titel einst satirisch zu «Na also, sprach Zarathustra» abwandelten, so genossen auch sie noch den Sprachpomp und seine Zertrümmerung zugleich.

Wer aber hätte Genüsse bei der Rucki-zucki-Erteilung von Bewilligungsbescheiden? Der Leser bestimmt nicht und auch der Schreiber kaum.

Kunstwerke zum Mitnehmen

Dies ist ein merkwürdiger Rat. Er gilt Kindern wie Erwachsenen und lautet: Gedichte auswendig lernen! Ja, es regiert die Sitte, Schülern etwas derart Altmodisches und Mühseliges nicht mehr zuzumuten, und überhaupt gilt sie weithin als vorgestrig, die klassische Lyrik. Aber mit einer solchen Haltung werden Chancen verspielt.

Zunächst: Texte auswendig lernen, egal von welcher Art, schult das Gedächtnis. Es ist ein Organ, das trainiert werden will. Ein Schauspieler prägt sich seine 100. Rolle leichter als seine erste ein, selbst wenn er viele der anderen 99 noch im Kopf hat; nicht Ballast sind sie, sondern ein Schmiermittel. Auch weiss jeder, der sich in einer Fremdsprache ausdrücken muss, wie gern er sich an auswendig gelernten Floskeln entlanghangelt und wie sehr ihm das halblaute Hersagen solcher Bruchstücke den Einstieg ins Gespräch erleichtert.

Gedichte nun haben gegenüber anderen Texten den Vorzug, viel rascher im Gedächtnis zu haften – dann jedenfalls, wenn sie nicht aus Prosa in künstlich gedrechseltem Zeilenfall bestehen, wie bei Bert Brecht und seinen Nachfolgern üblich, sondern sich zu Versmass und Endreim zwingen; eine Kombination, die ja auch der Popularität der Bauernregeln zugute kommt («Ist's Silvester kalt und klar, folgt am nächsten Tag Neujahr»).

Trotz Rhythmus und Reim: Ein bisschen Mühe kostet das Auswendiglernen doch, und die Schulung des Gedächtnisses allein wäre kein ausreichendes Motiv dafür. Der merkwürdige Rat stützt sich aber auf zwei weitere ziemlich gute Gründe.

Der erste: Grosse Gedichte liefern grossartige Sprachmodelle, das Beste also, woran wir unser inneres Ohr gewöhnen können; und diese Muster im Gehör zu haben, ohne sie lesen zu müssen, intensiviert ihren Einfluss dramatisch. Starke Rhythmen bieten sie an, wie C. F. Meyer (über die verwirrende Spiegelung fliegender Möwen im Meer): Und du selber? Bist du echt beflügelt? Oder nur gemalt und abgespiegelt? Gaukelst du im Kreis mit Fabeldingen? Oder hast du Blut in deinen Schwingen? Wie Schiller (über die Jungfrau): Drauf schiesst die Sonne die Pfeile von Licht, sie vergolden sie nur und erwärmen sie nicht. Wie August von Platen (über das Glück): Auch kommt es nie, wir wünschen bloss und wagen; dem Schläfer fällt es nimmermehr vom Dache, und auch der Läufer wird es nicht erjagen.

Und wie sie uns das Sperrige mit leichter Hand kredenzen: Der König sprach's, der Page lief, der Knabe kam, der König rief. Lasst mir herein den Alten! (Goethe). Freundschaft, Liebe, Stein der Weisen, diese dreie hört ich preisen, und ich pries und suchte sie, aber ach, ich fand sie nie! (Heine). Wie viel tänzerische Eleganz in wie beiläufigen Wörtern, und wie schlicht der Bau der Sätze! Zum Erschrecken geradezu für all jene Professoren und Bürokraten, die sich der Vielsilbigkeit und der Verschachtelung verschrieben haben.

Wo in ebenso simplen Wörtern starke Stimmungen eingefangen sind, da erreicht die Poesie ihre Spitze. Über allen Gipfeln ist Ruh, kraftvoller und zugleich bescheidener lässt sich das nicht sagen. Der Wald steht schwarz und schweiget (bei Matthias Claudius). Mond! Mond! Wie die Wellen kühlen, wie die Winde wühlen in den dunklen Mähnen der Nacht! (Clemens von Brentano). Und Eichendorff: ... wenn die Brunnen verschlafen rauschen in der prächtigen Sommernacht.

Andrerseits kommt kaum ein Witz je mit so wenigen Wörtern aus wie die gereimten Sottisen von Wilhelm Busch (Es ist ein Brauch von alters her: Wer Sorgen hat, hat auch Likör) oder von dem im englischen Sprachraum populären Amerikaner Ogden Nash: God in His wisdom made the fly, and then forgot to tell us why.

All dies an zugespitzter Bosheit, Weisheit, Schönheit und Kraft, hier mit Beispielen zur Anregung vorgestellt und schliesslich von jedem selber auszuwählen – all dies bietet sich dem, der es auswendig beherrscht, mit einem Vorteil an, der das Gedicht über alle anderen Künste hinaushebt: Das

Kunstwerk selbst ist in meinem Besitz, wo immer ich gehe, sitze, liege, warten muss. Um mich an Literatur zu freuen, brauche ich Bücher oder Theatersäle, um Musik zu geniessen, ein Orchester, ein Instrument oder eine Schallplatte, um Gemälde zu sehen, den Raum, in dem sie hängen. Abziehbilder kann ich mir davon verschaffen, indem ich Kunstbände betrachte, Melodien vor mich hin summe, in Erinnerungen schwelge; doch unvermeidlich bleiben sie weit hinter dem Ursprungserlebnis zurück – ein blosses «Wenn ich doch …!» oder «Man müsste mal wieder …»

Das Gedicht ist immer präsent, ohne Buch, Saal, Apparat und Interpreten. Ich lasse es in mir erklingen, damit sein Schwung mich erfreut, sein Inhalt mich tröstet, seine Stimmung mich trifft. Vielleicht sitze ich abends beim Wein und frage mich mit Heine: Nur wissen möcht ich, wenn wir sterben, wohin dann unsere Seele geht? Wo ist das Feuer, das erloschen? Wo ist der Wind, der schon verweht? Oder ich fröstle mit Hölderlin: Die Mauern stehen sprachlos und kalt, im Winde klirren die Fahnen.

Wie man Aktivitäten implementiert

Die Sprache von Politikern und Journalisten, an dieser Stelle oft verspottet, gerät in relative Nähe zum Nobelpreis für Literatur, wenn man sie an einigen der scheusslichsten Hervorbringungen misst, die durch den deutschen Sprachraum geistern: dem Schriftverkehr in grossen Unternehmen. Aus einigen der grössten Konzerne Mitteleuropas stammen die folgenden Zitate, und dass sie durchweg echt sind, muss wohl betont werden bei einer so rasenden Verliebtheit in exotisches Wortgeklingel.

So zum Beispiel: «Die heutige Kalkulationspraxis bietet Anreize zur ausgeprägten Nutzung von Konsortien durch niedrigeren Gemeinkostenzuschlagssatz ohne Berücksichtigung der strategischen Relevanz der dem Konsortialpartner übergebenen Projektanteile.» Ein Vorstandsmitglied der Firma, in der dieser Satz geboren wurde, erwiderte auf die Frage, was das wohl heisse: Er verstehe ihn auch nicht ganz. Mit dieser grossen Antwort war zweierlei bewiesen: Die betriebsinterne Kommunikation war als teilweise sinnlos entlarvt, und der Laie – unsereiner also – war von dem beliebten Selbstvorwurf befreit, dass er wohl von der Materie nicht genug verstehe.

Warum schreiben Angestellte so? Warum nerven sie Vorgesetzte und Kollegen mit «plattformbezogenen Serviceleistungen» und «transaktionsorientierter Kundenzufriedenheit»? Warum agieren sie «im Rahmen der Nachweisführung für die Implementierung des Produkthaftungsgesetzes»? Warum plädieren sie dafür, «innovative Freiräume der Kommunikation zu ermöglichen und damit integrierte Steuerungssysteme zu funktionalisieren»? Man darf vermuten, dass sie Angst haben. Angst, von Vorgesetzten oder Kollegen nicht für wichtig genug genommen zu werden, wenn sie den Jargon nicht beherrschen, und Angst vor allem, in schlichteren Worten würde die Dürftigkeit ihrer Aussage offenkundig werden.

«Dabei wird deutlich», schreiben sie, «dass neben dem klassischen Marketing auch der Öffentlichkeitsarbeit allgemein eine für das Unternehmen grosse Bedeutung zukommt. Sie muss dem Ziel dienen, dass sich das Unternehmen mit seinen gesamten Aktivitäten im gesellschaftlichen Umfeld langfristig positioniert.» Ja, so ist das mit der Öffentlichkeitsarbeit, nur die Dümmsten im Unternehmen wissen es nicht – aber 38 Wörter hat man verschossen, in der Hoffnung, das Geknatter werde die ergreifende Schlichtheit der Aussage übertönen: «Öffentlichkeitsarbeit ist ziemlich wichtig.»

Und auch so schreiben sie: «Wir haben das Problem im internen Gespräch diskutiert und sind zu der Meinung gekommen, dass diese Aktivitäten selbst sehr gut in die Aktivitäten der Werbeabteilung eingepasst werden können.» Wäre die Zeit knapp und das Papier teuer und würde der Absender den Adressaten nicht länger als nötig behelligen wollen, so hätte er schreiben können: «Nach interner Diskussion sind wir uns einig: Dieses Vorhaben passt sehr gut in die Werbeabteilung» (15 Wörter statt 27, dabei allein 10 Silben für die Orgie der Aktivitäten eingespart). Nur freilich: Die Qualität der Aufgabenstellung an den Systemintegrator für ein solches Vorgehensmodell würde die innovativen Ansätze zur strategischen Projektstatusanalyse wissensbasiert durchkreuzen.

Darf man schätzen? Zum Beispiel, dass dreissig Prozent der Arbeitszeit eines Verfassers von konzerninternen Texten von der Suche nach pompösen Floskeln aufgezehrt wird – und zehn Prozent der Zeit des Empfängers von dem Versuch, den Bombast auf den bescheidenen Inhalt zu reduzieren? Wenn sie noch Käse redeten! Aber glücklich sind sie erst, wenn sie nur noch die Löcher liefern.

Immerhin, man stösst auf Ansätze zur Selbstironie. Nicht in der Privatwirtschaft, aber unter den deutschen Übersetzern bei der Europäischen Union; dort ist ein «Schnellformulierungssystem» in Umlauf, das Versatzstücke für alle Lebenslagen enthält: «Die Entwicklung der grenzüberschreitenden Verknüpfung / für eine kohärente Anwendung der operationellen Bestimmungen / hat Initiativen im Bereich der Innovationsfinanzierung in Gang gebracht», heisst da eine Wortkette, und eine andere: «Ein bedarfsinduzierter Ansatz zur Übernahme neuer Technologien / im Rahmen einer zukunftsweisenden Bestandsaufnahme relevanter Daten / ist nur durch die Stärkung der Gemeinschaftsebene zu erreichen.» Der Witz dabei ist, dass man das erste Glied jeder Aussage austauschen kann, das zweite und das dritte ebenso – und immer entsteht die gleiche Hohlprosa.

Schade, dass die Bibel nicht von einem grossen Wirtschaftsunternehmen redigiert worden ist. Dann könnten wir sicher lesen: «Auf die bedarfsinduzierte Zuteilung des Produktanteils durch die transzendente Allmacht folgte deren Zurückverweisung durch dieselbe Instanz, ohne dass daraus ein pejoratives Urteil über die Relevanz dieser einander durchkreuzenden Aktivitäten und die Motivation ihres Urhebers abgeleitet werden sollte.» Was wir statt dessen lesen müssen, ist dürftig genug: «Der Herr hat's gegeben, der Herr hat's genommen; der Name des Herrn sei gelobt!»

Gewönne doch der Konjunktiv!

«Was wäre, wenn …?» Irgendwann muss diese Frage zum erstenmal erklungen sein, und mit ihr hatte die Sprache einen Durchbruch von unerhörter Kühnheit vollzogen: Wer so fragte, der wollte nicht mehr beschreiben, was ist, sondern dreist darüber spekulieren, was sein könnte oder sollte. Die Welt wollte er in Frage stellen, die Utopie gegen sie ausspielen, sie mit Zweifeln zersetzen oder mit Forderungen überziehen. Eine verwegenere Tat haben wir mit sprachlichen Mitteln nie vollbracht.

Um so bedauerlicher, dass der Konjunktiv es im deutschen Sprachraum so schwer hat: Seine beiden Formen auseinanderzuhalten und jede korrekt zu verwenden, war heimisch immer nur in einer sprachbewussten Minderheit und hat in den letzten Jahrzehnten weiter an Geltung verloren.

Ja, auch jüngere Leute können Sätze wie diesen noch verstehen: «Was hülfe es dem Menschen, wenn er die ganze Welt gewönne und nähme doch Schaden an seiner Seele?» (Matthäus 16, 26). Aber sie mögen es nicht mehr, und wenn ein lebender Mensch mit «hülfe» und «gewönne» vor sie hinträte, würden sie ihn auslachen. Schriftsteller und Journalisten, Pfarrer und Werbetexter – wer immer sein Publikum gewinnen will, muss wohl in Rechnung stellen, dass die schönen alten Formen (oh, glömme doch ein Feuer!) auf die meisten Adressaten archaisch wirken, wenn nicht manieriert.

Lebendig ist dieser Konjunktiv der Unwirklichkeit, der Irrealis, nur noch bei den Hilfszeitwörtern (er hätte, ich wäre) und in einigen wenigen anderen populären Formen: Ich möchte, das ginge schon, ich bräuchte dringend Geld. Doch mit dem bräuchte sind wir schon bei einer neuen Not.

Grammatisch wird ja der Irrealis im Regelfall von den Formen der einfachen Vergangenheit abgeleitet: Ich sprach – ich spräche; er trug – er trüge. Das funktioniert indessen nur bei den starken Verben. Die schwachen lassen keine eigenständige Form des Irrealis zu: «Sagtest du mir nur einmal ein freundliches Wort!» ist den Umständen nach ein Konjunktiv, der sich in der Form jedoch nicht von der einfachen Vergangenheit unterscheidet.

Daraus ist offenbar der Drang entstanden, bei den letzten geläufigen Formen des Irrealis eine Unterscheidung in die Welt zu setzen, welche die Grammatik nicht hergibt: statt «Ich brauchte einen Schraubenzieher» lieber «Ich bräuchte ihn». Das mag man begrüssen als Signal dafür, dass wir auf den Konjunktiv eben doch nicht verzichten können; nur ist damit eine Form erfunden, die uns in Teufels Küche brächte, wollten wir sie konsequent verwenden: Täuchte der Taucher, wenn er seinen Schnorchel – schmäuchte der Raucher, wenn er seinen Tabak fände?

Viel schmerzlicher aber wird die Grammatik aufs Rad geflochten, wenn es um die allgegenwärtige Aufgabe geht, den Konjunktiv der Unwirklichkeit (Er käme ja gern, wenn nicht leider …) abzugrenzen gegen den Konjunktiv der indirekten Rede (Er komme gern, sagte er). Und eben dieser, eine noble Besonderheit der deutschen Sprache, ist mehr als ein intelligenter Modus der Mitteilung – er ist eine politische Notwendigkeit.

Wo angelsächsische Zeitungen in jedem Satz einer zitierten Rede ein «he said» einstreuen müssen, um das Bewusstsein wachzuhalten, dass sie nicht etwa für den Inhalt haften – da steht den Journalisten deutscher Sprache das ungleich elegantere Mittel zur Verfügung, jeden Irrtum auszuschliessen durch ein konsequentes «Er sagte, er habe, er sei, er wolle, er werde». Wenn ein Chemie-Unternehmen nach einer Gasexplosion mitteilt: «Für die Anwohner besteht keinerlei Gefahr», so wäre es grotesk, das Wort «besteht» in die Radionachrichten zu übernehmen; vielmehr teilt dort das Unternehmen mit, es bestehe keine Gefahr – und dieses eine e anstelle des t macht jedem klar: Na ja, das sagen die halt.

Wie politisch der Konjunktiv der indirekten Rede ist, wird besonders augenfällig an dem grotesken Umgang mit ihm, den die untergegangene

DDR ihren Journalisten anbefahl: «Honecker sagte, die DDR sei …» war unzulässig, denn wenn Honecker es so sagte, dann war es auch so; also: «Honecker sagte, die DDR ist …» Zwingend aber war der Konjunktiv in Sätzen wie: «Kohl sagte, die BRD sei …» Denn wenn Kohl es sagt, *ist* sie es natürlich nicht.

Wie schön, dass diesem Unfug ein jäher Tod beschieden war. Stürben doch die anderen Missbräuche ebenso gründlich! Der häufigste ist, dass die Formen des Konjunktivs der indirekten Rede, das *wolle* und das *habe*, den wenigsten geläufig sind, so dass sie sich arglos der Formen des anderen Konjunktivs bedienen: Er sagte, er hätte – obwohl sie *er habe* meinen und den Unterschied kennen sollten. Er sagte, er habe Geld, heisst ja: Er hat welches; «er hätte Geld» aber wäre nur korrekt, wenn es weiterginge: «… wenn es ihm nicht gestohlen worden wäre»; er hat also keins.

In geschriebenen Texten bewältigen kaum zwei oder drei Prozent der Deutschsprachigen diesen Unterschied, in mündlicher Rede gar nur noch ein Tausendstel davon; und von denen lebt merkwürdigerweise die Mehrzahl in der Schweiz. Hier kann man alte Bergbauern sagen hören: «Er sagte mir, er habe …» In bundesdeutschen Ohren klingt das ganz unglaublich intellektuell. Dabei ist es einfach herrlich direkt aus dem Brunnen der Sprache geschöpft, dort, wo er am tiefsten ist.

Wer schenkt schon Gehör?

Von den grossen Vier der Kommunikation – Sprechen, Schreiben, Hören, Lesen – hat das Hören die geringste Aufmerksamkeit auf sich gezogen. Zu Unrecht: Denn es gibt nichts, was das Gehirn vielfältiger aktiviert, was in den Zeitgeist inniger verwoben ist und uns schlimmeren Zumutungen unterwirft.

Kannst du nicht hören? wird dem trotzigen Kind zugerufen. Unerhört! Das gehört sich nicht! Wer nicht hören will, muss fühlen! Da hat sich im Hören jener Sinn erhalten, der im übrigen ins Gehorchen, in den Gehorsam, ins Verhör abgewandert ist: Sprechen hiess befehlen, und hören hiess befolgen – so war das immer, wo Häuptlinge, Diktatoren, Kasten regierten, also fast überall in der längsten Zeit der Geschichte. Dass eigentlich nur die Obrigkeit *das Sagen habe* (wie wir enthüllend formulieren), hat noch Friedrich Rückert als Lebensregel aufgestellt:

> Du hast zwei Ohren und einen Mund;
> Willst du's beklagen?
> Gar vieles sollst du hören und
> Wenig darauf sagen.

Und noch wenn wir arglos rufen: «Das Buch

gehört mir!», haben wir eine verspätete Anleihe beim Gehorchen gemacht – denn ursprünglich sprach der Herr zum Knecht: «Du gehörst mir», und das hiess: Meinen Befehlen hast du zu lauschen! Der Hörende war der Hörige, eines anderen Eigentum.

Es war die Demokratie, ob in Athen, London oder Appenzell, die das Sprechmonopol der Tyrannen brach: Nun durften alle Bürger reden, und das Hören hatte aufgehört, ein Gehorchen zu sein. Wer unsere Parlamente als Schwatzbuden verspottet, wie dies gern geschieht, dem fehlt der Sinn für das schöne Signal, das all diese Buden geben: Die Einheit von Sprechen und Befehlen ist zerbrochen.

Freilich hat das Fernsehen die meisten von uns dazu verführt, aufs Reden zu verzichten und aus dem Hören wieder unsere Hauptbeschäftigung zu machen, in halb freiwilliger Hörigkeit. Aber die nächste Wende ist schon im Gange: Wer am Computer sitzt, benutzt weder den Mund noch die Ohren, sondern tummelt sich in einer stummen Welt der optischen Signale, die dem Jubeln so wenig wie dem Seufzen noch eine Chance lässt.

Da wird denn auch eine der kompliziertesten Leistungen unseres Gehirns nicht mehr abgerufen: die Verwandlung eines Zurufs in die Handlung, die daraus folgen soll. Es ist fast unglaublich, was sich unter unserer Schädeldecke alles abspielt, wenn das Ohr, zum Beispiel, von der Frage eines Fremden im Strassenlärm die Silben aufnimmt: «... sagen, wo die ...thedrale ist?»

Der Befragte verwandelt diese Luftschwingungen in Nervenerregungen um und leitet sie zunächst zum Zwischenhirn. Das prüft die akustischen Signale, ob sie Lust, Unlust, Wut, Erschütterung oder Angst auslösen und ob demnach eines der Programme in Gang gesetzt werden muss, die dort gespeichert sind: Angst – Adrenalin – Flucht oder Kampf! Beim hier gewählten Zuruf: keine Reaktion – Durchlassen ins sensorische Sprachzentrum in der Grosshirnrinde.

Hier werden zunächst die durch den Strassenlärm verstümmelten Wörter zu jenem Lautbild zusammengesetzt, das der Fragende vermutlich meinte: «Können Sie mir sagen, wo die Kathedrale ist?» Den so bereinigten Schall vergleicht das Sprachzentrum mit den dort gespeicherten Wortbildern; der Speicher meldet: Alle Wörter bekannt. Nun erst dringt die Frage ins Bewusstsein und kann auf ihren Sinn abgeklopft werden: Weiss ich eigentlich, wo die Kathedrale ist? Und soll ich die Frage etwa wörtlich nehmen und folglich mit «Ja!» beantworten?

Natürlich nicht. Nachdem das Zwischenhirn Entwarnung gegeben und die Grosshirnrinde das Schallbild komplettiert, identifiziert und auf das mutmasslich Gemeinte übertragen hat, kann ich nun antworten: «Einen Kilometer geradeaus, dann sehen Sie sie.» So vielfältige Aktivität, eine solche Bereitschaft zu schöpferischer Mitgestaltung wird vom Zuhörer schon bei einer einfachen Frage erwartet.

Wenn das Zuhören uns so viel abverlangt – kann es uns wundern, dass es so selten ist? Fast alle Menschen reden lieber. Wer von einer Reise heimkehrt und vor Mitteilungsdrang birst, muss nichts häufiger erleben, als dass es keinen gibt, der seinen Bericht wirklich hören will. Auch der «Feiertag zum Anhören fremder Argumente», den der polnische Satiriker Karol Irzykowski sich wünscht, ist bis heute nicht eingeführt.

Berufszuhörer haben es unter diesen Umständen zu Ansehen gebracht: Psychoanalytiker, Beichtväter, Telefonseelsorger; und die Chance des Kriminalbeamten, dass der Verdächtige ein Geständnis ablegt, besteht nicht zuletzt in dessen Gefühl: «Endlich hört mir mal jemand zu.» Die meisten Worte aber, die einen Hörer suchen, verhallen unverstanden. Wer spricht, ist oft einsamer, als er glaubt: Er will, dass ein Mensch ihm *Gehör schenkt*, aber zum Partner hat er allein das eigene Sprechgeräusch. Oder in Zukunft das Tacken der Tasten.

Gott in zwei Buchstaben

Wenn Liebespaare ihre Initialen in Baumrinden oder Parkbänke ritzen, so schwingt der uralte Glaube mit, Buchstaben besässen eine magische Kraft: Selig werde man wiederkehren, und die Liebe währe ewiglich. Dies als faulen Zauber abzutun, weil alle Lebenserfahrung das Gegenteil beweise, wäre voreilig – denn wie erklären wir uns dann die Statistik der Kraftfahrzeugversicherer, die besagt, dass die Schadenshäufigkeit um so grösser ist, je mehr Buchstaben am Heck den Wagentyp beschreiben (GTI, GXL, SEC)?

Alle Schrift hat ja einst als Zauberei begonnen: Es waren die Priester im alten Ägypten und in Babylonien, die zunächst die Bilderschrift erfanden und dem staunenden Volk bewiesen, welche Macht über Menschen und Götter ihnen damit zuwuchs, und Moses empfing die Zehn Gebote auf «zwo Tafeln des Zeugnisses, die waren steinern und geschrieben mit dem Finger Gottes».

Als die Griechen im 10.Jahrhundert v. Chr. von den Phöniziern die Lautschrift übernahmen und ihrem Siegeszug durchs Abendland den Weg bereiteten, da ging ein Teil der heiligen Geltung und der magischen Kräfte, die bis dahin in den Hieroglyphen wohnten, auf die neuartigen Buchstaben über –

erstaunlich genug, denn sie sind ja vollkommen willkürliche Symbole, in die wir alles, was sie uns bedeuten, erst hineininterpretieren müssen. Und doch spricht Gott in der Offenbarung Johannis dreimal: «Ich bin das A und O.» Ich, der Herr, *bin* also Alpha und Omega, der Anfang und das Ende, ich identifiziere mich mit dem ersten und dem letzten Buchstaben des griechischen Alphabets.

Noch mehr: Das Buch «Sefer Jezira», zwischen dem 3. und dem 6. Jahrhundert im Orient entstanden, lehrte, Gott habe die Welt erschaffen mit Hilfe der Zahlen von 1 bis 10 und der 22 Buchstaben des hebräischen Alphabets. Dieses Buch wurde ein Standardwerk der Kabbala, der jüdischen Mystik, wie sie sich im 13. Jahrhundert von Spanien aus über Europa verbreitete.

Auch die Buchstabenspielereien, die wir noch lieben – Stabreim, Endreim, Schüttelreim und Palindrom –, haben ihren Ursprung in dem Glauben, dass Buchstaben mehr sind, als sie scheinen; dass sie Offenbarungen enthalten oder Götter gängeln könnten. Das älteste dieser Rituale ist das magische Quadrat: ein Schachbrettmuster, in das man Zahlen oder Buchstaben so einsetzt, dass sie vorwärts und rückwärts, aufwärts und abwärts dieselbe Summe oder dieselben Wörter ergeben.

Unter den Buchstabenquadraten ist eines, das im alten Pompeji entstand, Gläubige jahrhundertelang bewegte und Tüftler bis heute beschäftigt:

```
S  A  T  O  R
A  R  E  P  O
T  E  N  E  T
O  P  E  R  A
R  O  T  A  S
```

Technisch ist das korrekt, und man kann sich ausmalen, wieviel Fleiss und Scharfsinn einst dafür aufgewendet worden sind. Nur der Sinn gibt Rätsel auf; dass er darin verborgen sein müsse, daran zweifeln sie natürlich nicht, die unzähligen Anhänger der Sprachmagie. *Sator* ist der Sämann oder der Schöpfer, *opera* das Werk, das Produkt, *rota* das Rad, und *tenere* heisst halten. So reichen die Übersetzungsversuche von «Sämann Arepo hält mit Mühe die Räder» bis «Christus, der Sämann, hält mit dem Pflug des Kreuzes das Rad des Schicksals auf». Sinnvoll ist das ja nicht gerade – aber magisch eben.

Für *arepo*, das man im Lexikon nicht findet, ist noch in jüngster Zeit die Theorie entstanden, das sei nur falsch gelesen, in «Furchenschrift» sei es geschrieben – so, wie der Ochse den Pflug zieht: In der ersten Zeile beim R von *sator* angekommen, wendet er in der zweiten Zeile natürlich zum O. Dann wird aus arepo *opera*, noch einmal, und dann hält einfach der Schöpfer die Welt zusammen, *sator opera tenet*.

Ein grösseres und zugleich weniger magisches

Vergnügen finden viele heute an den Palindromen (Wider- oder Gegenläufern) – Wörtern oder Sätzen, die man zwar nicht aufwärts und abwärts, aber immerhin vorwärts und rückwärts lesen kann: Reittier, Reliefpfeiler und unter den Sätzen das ziemlich alberne Urmodell: «Eine treue Familie bei Lima feuerte nie.» Die Spielregel einzuhalten ist ja schwierig genug – aber wieviel Bastelarbeit muss in wie vielen Köpfen stattgefunden haben, damit Sätze von Klang entstehen konnten wie «Risotto, Sir?», oder «Grub Nero nie in Orenburg?», ja sogar von leidlichem Sinn wie «Liese, tu Gutes, eil!» oder «O Genie, der Herr ehre dein Ego!» Einen geschwätzigen Menschen kann man anherrschen: «Plaudere, du Alp!» und einen Macho mit dem Zuruf kränken: «Im Latz Talmi.»

Und mit welchen Worten könnte sich der erste Mensch seiner soeben erschaffenen Frau vorgestellt haben? «Madam, I'm Adam»; während von oben die Stimme ertönte: «Dogma: I am God.» Nicht gerade mit dem Finger Gottes geschrieben, doch eine Buchstabenzauberei, die uns schmunzeln lässt.

Ratlos dagegen stehen die meisten vor Albert Einsteins Weltformel $E = mc^2$. Sie ist gewiss korrekt und ein Genieblitz obendrein. Aber man darf vermuten, dass Einstein auch ein wenig Genugtuung darüber verspürte, in drei Buchstaben das Universum zu besitzen.

Geisterfahrer auf der Datenautobahn

Wir werden sie vermissen, die Welt der alles in allem wohlgeordneten Informationen, die uns halfen, uns auf der Erde leidlich zurechtzufinden. Ihr Untergang zeichnet sich ab, die Anarchie der Worte kriecht heran, Mr. Gorsky ist unser Zeuge.

Wer sich seinen Mitmenschen mitteilen wollte, der war bis zum Siegeszug des Buchdrucks auf einen sehr kleinen Kreis angewiesen: der Häuptling auf seine Horde, der Volkstribun auf die paar tausend, die seine Stimme allenfalls erreichte, der Dichter auf die wenigen Besitzer seines Pergaments. Seit aber Bücher und Zeitungen zu Millionen gedruckt werden, war die Ausbreitung des eigenen Wortschwalls noch immer ein Privileg: Man musste ja einen Verleger, Lektor, Redaktor finden. Wenn der kleine Mann – der, für den kein Drucker sich erwärmte – sich über seinen Freundeskreis hinaus Gehör verschaffen wollte, so musste er schon nach London fahren und sich im Hyde Park auf eine Kiste stellen.

Bis gestern. Heute beginnt eine Revolution über uns hereinzubrechen, die alle Beschränkungen der Redefreiheit ebenso hinwegfegt wie das plausible Mass an Ordnung, das bisher in allen Mitteilungen herrschte. Im Internet, im weltumspannenden Verbund der Freunde und Narren des Computers, kann jetzt jeder zu Millionen sprechen – wie schön; aber nichts und niemand liefert uns mehr ein Indiz, was davon wir glauben sollen.

Erst dabei wird uns klar, bis zu welchem Grade es der Absender war, der uns inmitten der Sturmflut der Worte Orientierung bot. Vertrauenswürdiger Politiker, demokratische Behörde, renommierte Zeitung: Wir glauben, was die uns wissen lassen. Propagandaminister, Lobbyist, Revolverblatt: Wir glauben wenig oder nichts. Roman: Wir wissen, dass er das Fabulieren zur Kunst erhoben hat. Ein neues Mittel gegen Krebs? Finger weg – bis nicht eine angesehene Wissenschaftszeitschrift es als seriös bezeichnet.

In solcher Einschätzung der Absender, der Filter, der Mittelspersonen mag uns durchaus dieser oder jener Irrtum unterlaufen sein; doch der Informationsstrom war reguliert, etikettiert und alles in allem berechenbar. Und genau dies fehlt auf der internationalen Datenautobahn: Jeder Teilnehmer kann sie befahren, jeder beliebig viel Nebel auf ihr verbreiten oder Giftfässer auf die Reise schicken, und ob ich ihm glauben kann, verrät sein Computer-Code mir nicht.

Das ist es, was etliche Kommunikationswissenschafter an Mr. Gorsky beunruhigt – so harmlos sich der Fall auch anlässt. Da geistert also seit einigen Monaten die Behauptung um die Erde, Neil

Armstrong, der erste Mensch auf dem Mond, habe nach seinem berühmten Satz «Das ist ein kleiner Schritt für einen Menschen, aber ein gigantischer Sprung für die Menschheit» noch einen zweiten gesprochen, nämlich: «Und nun viel Glück, Mr. Gorsky.» Und auf all die Fragen, die sich da aufdrängen, hat der Unbekannte selbstverständlich eine Antwort parat.

Warum hat niemand auf der Erde diesen Satz gehört? Weil die Nasa ihn geistesgegenwärtig abgeschnitten hat. Gibt die Nasa das denn heute zu? Natürlich nicht. Und warum sollte Armstrong einen solchen Unsinn geredet haben? Weil es nicht nur Unsinn war. Was war es dann? Eine Kindheitserinnerung, Armstrong selber habe das im letzten Juli zugegeben. Was für eine Erinnerung? Nun, dem kleinen Neil war sein Ball in den Nachbargarten gefallen, zu den Gorskys, und während er ihn holte, hörte er aus dem offenen Schlafzimmerfenster Frau Gorsky schreien: «Das kannst du erst mit mir machen, wenn der Nachbarsjunge auf dem Mond spazierengeht!» Und da habe eben er, Armstrong, vom Mond aus dem Mr. Gorsky viel Glück gewünscht.

Nun hat Präsident Clinton im Februar ein Gesetz unterzeichnet, wonach die Verbreitung anstössiger Texte oder Bilder auf der Datenautobahn verboten ist. Aber was ist anstössig, «indecent»? fragt die «New York Times». Ein Notruf für Aids-

Kranke? Ein Heiratsmarkt für Körperbehinderte? Und wie steht's mit dem Schlafzimmervergnügen des Mr. Gorsky, fragen wir – wo es doch so dezent erzählt worden ist, und noch dazu auf dem Mond, und vermutlich erlogen?

Nein, ein Problem der Moral liegt hier nicht vor. Vielmehr lupft der Gorsky-Scherz mit scheinheiliger Beiläufigkeit den Vorhang vor einem Drama der ungeheuren Chancen, Risiken und Verwirrungen. Wenn das einstige Privileg, die Massen zu erreichen, sich demokratisiert, wenn jeder Mensch auf Erden sich an jeden und im Extremfall an alle wenden kann – dann heisst das auch: Ein Witzbold, der ein paar Millionen Mitmenschen eigentlich nur erheitern wollte, stürzt vielleicht eine Regierung. Jeder Wirrkopf, bisher auf sein Dorf beschränkt, kann Unsinn bis nach Australien streuen, jeder Fanatiker, bisher durch Journalistenboykott oder durch Sperrklauseln an öffentlichem Wirken gehindert, kann mit einem guten PR-Berater zur halben Menschheit sprechen.

Natürlich: Neue Ordnungskräfte werden sich herausbilden, Institutionen werden auf den Plan treten, die sortieren, filtern und Vertrauen auf sich ziehen wie bisher eine grosse Redaktion. Aber daneben wird reichlich Platz bleiben für die Schmeissfliegen der Lüge und die Hornissen des Wahnsinns, und verscheuchen können wird sie keiner mehr.

Nur wer stolpert, schläft nicht ein

«Habe ich schon gesagt, dass die Fähigkeit, uns zu wundern, das einzige ist, was wir brauchen, um gute Philosophen zu werden? Wenn nicht, dann sage ich das jetzt: Die Fähigkeit, uns zu wundern, ist das einzige, was wir brauchen, um gute Philosophen zu werden.»

Diese struppige Passage ist dem Bestseller «Sofies Welt» entnommen, der Philosophiegeschichte von Jostein Gaarder, die in eine Erzählhandlung eingebettet ist. Die hartnäckige Wiederholung hat eine doppelte Funktion: Sie erleichtert es dem Leser, sich die Aussage einzuprägen, und noch vorher hat sie als Stolperstein gewirkt – hoppla, was ist denn hier passiert! Zweimal hintereinander dasselbe, das stösst unsere Gewohnheit um.

Und eben diese Störung erhöht die Durchblutung des Vorderhirns, wie der in Kanada lehrende Literaturwissenschafter David S. Miall 1995 nachgewiesen hat. Der kalkulierte Verstoss gegen eingerastete Erwartungen ist ein vorzüglicher Kunstgriff für jeden, der seinen Worten Aufmerksamkeit verschaffen will, ob er Journalist, Werbetexter, Lehrer oder Pfarrer ist oder ob die Umstände ihn zwingen, eine Tischrede zu halten.

Kalkulierter Verstoss, darauf kommt es an. Einen Weg über lauter Stolpersteine beschreitet keiner gern; die Kunst besteht darin, die Steine in Abständen zu placieren, die geeignet sind, den Spaziergänger am Träumen zu hindern, den Zuhörer am Abschweifen, den Leser am Einschlafen. Wer pausenlos seine Erwartungen bedient findet, der nickt vielleicht dann und wann, aber über kurz oder lang nickt er ein.

Was brachen die Teilnehmerzahlen? Die Erwartung ist eindeutig: alle Rekorde. Wie hast du geschlafen? Wie ein Murmeltier. Der langen Rede welcher Sinn? Der kurze. Womit hat er das Kind ausgeschüttet? Mit dem Bade. Das kennen wir alles, das plätschert vorüber, das strapaziert uns nicht, wie schön; aber es stimuliert uns nicht, wie schade. Lauschen wir einem Soziologen, so wird er alternative Lösungsansätze oder multikulturelle Aktivitäten thematisieren, und kein Politiker wird es versäumen, sich den unabdingbaren Herausforderungen der Zukunft entschlossen zu stellen. Ja doch, ja!

Wer uns als Leser oder Hörer gewinnen will, schuldet uns dann und wann die kleine Überraschung, das mutwillige Herausspringen aus den allzu ausgefahrenen Gleisen und die leichte Anspannung im Vorderhirn, die daraus folgt. Wer in der Sache etwas Aufregendes mitzuteilen hätte, der brauchte sich um die Form nicht zu sorgen – etwa wenn der Tischredner zur Silberhochzeit verkündete, das Jubelpaar habe soeben die Scheidung eingereicht. Den meisten Rednern oder Schreibern aber bleibt nichts, als sich der Form zu bedienen, wenn sie gelegentlich eine kleine Unruhe in das Gewohnte tragen wollen.

Sprachschablonen zu meiden ist dabei die Mindestforderung. Die Winterstarre des Murmeltiers kann nach den ersten siebenmal siebenhunderttausend Schlafperioden Leser und Hörer nur noch zum Gähnen bringen; wem also nichts Besseres einfällt, der behellige das Murmeltier nicht länger und habe einfach tief geschlafen. Aber erlaubt wäre es natürlich und eine höhere Form der Kunst, sich interessant zu machen, wenn einer geschlafen hätte wie eine Beutelratte; damit wäre, bei Wahrung der zoologischen Korrektheit, eine Schablone zerbrochen, ein uraltes Bild mit neuem Leben aufgeladen, ein kleiner Stolperdraht gespannt. Das Spiel mit den allzu abgegriffenen Bildern lässt sich noch verfeinern, indem man sie auf den Kopf stellt: Da behauptet einer über einen Zeitgenossen, er habe versucht, aus seiner Mördergrube ein Herz zu machen, und im Ersten Weltkrieg schrieb Karl Kraus in einer scheinheiligen Naturbetrachtung, die Pilze schössen mal wieder wie die Munitionsfabriken aus dem Boden.

Eine ziemlich zuverlässig einschläfernde Wirkung geht von der konstanten Bosheit, der goldenen Mitte, dem bitteren Ernst, dem strengen Stillschweigen aus – jenen Zwangs-Ehen zwischen einem Substantiv und einem Adjektiv, deren Scheidung seit Jahrzehnten überfällig ist. Unter den Eigenschaftswörtern könnte man es mit jenen bildhaften versuchen, die jeder versteht, aber kaum einer noch verwendet: vierschrötig und bärbeissig, duckmäuserisch und hasenherzig. Robert Walser sagt den Reichen nach, ihre Herzen seien «kalt, weit, geheizt, gepolstert und vernagelt»; und wie schön, wenn Ramón Pérez de Ayala seinen Helden «scharf und sieghaft schnarchen» lässt.

Ein fruchtbares Feld (nicht ein «weites»: das ist längst abgeerntet durch Theodor Fontane und Günter Grass) sind frisch ersonnene Vergleiche, wenn sie denn treffen wie neulich im «Spiegel»: Es gebe Kapitäne, die von Navigation so viel verstünden «wie der Fisch vom Stäbchen». Die Mittel sind unzählig und stellen sich ein, wenn man nur den Zweck bedenkt: Hin und wieder rütteln muss ich jeden, auf den ich mit Worten wirken will. Das haben auch jene amerikanischen Firmen verstanden, in denen man das Schild hängen sieht «Learn from mistekes!» Ja, aus Fählern lernen, das sollten wir alle, habe ich das schon gesagt? Wenn nicht, dann sage ich es jetzt: Aus Vehlern lernen sollten wir.

Der Bevölkerung aufs Maul geschaut

«*D*er Gesetzgeber soll denken wie ein Philosoph, aber reden wie ein Bauer.» Das hat der grosse deutsche Rechtslehrer Rudolf von Ihering gesagt, der 1845 ordentlicher Professor in Basel war. «Wer auf seinem Grund und Boden fremdes Vieh antrifft, ist deswegen noch nicht berechtigt, es zu töten» – so schlichte bäuerliche Sätze wurden 1811 in Österreichs *Allgemeines Bürgerliches Gesetzbuch* geschrieben und stehen darin noch heute.

Nun liegt den Schweizern ein Entwurf zur Reform der Bundesverfassung von 1874 vor, und von bäuerlicher Rede hält der nichts. In Artikel 7 zum Beispiel heisst es: «Niemand darf» (was niemand darf, erfahren wir 21 Wörter später; zunächst geht es weiter:) «insbesondere wegen seiner Herkunft, seines Geschlechts, seiner Rasse, seiner Sprache, seiner sozialen Stellung oder wegen seiner religiösen, weltanschaulichen oder politischen Überzeugung» (und schon kommt es, was niemand darf:) «diskriminiert werden.» Ein Satz, so recht geeignet, Deutsch lernende Ausländer in Verzweiflung und Simultandolmetscher in Panik zu stürzen, denn erst mit dem vorletzten Wort wird klar, wie wir den Satz verstehen sollen; und auch Leser deutscher Muttersprache wären nicht böse, wenn sie sich nicht per Springprozession zum Sinn des Satzgebildes zurückarbeiten müssten.

Auch ist der Text so formuliert, als ob er nur das Besondere meine, das Allgemeine aber nicht, und diese schiefe Gewichtung wird noch dazu mit dem bürokratischen Blähwort «insbesondere» eingeleitet, wo es doch «vor allem» oder «besonders» heissen könnte. So hat denn jener «Folio»-Leser völlig recht, der mit seinem Gegenvorschlag erstens die Gewichte geraderückt und uns zweitens den Salto rückwärts erspart (vom Schluss her hinein in die Bedeutung!): «Niemand darf benachteiligt werden – weder wegen Herkunft, Geschlecht, Rasse, Sprache, sozialer Stellung noch wegen seiner religiösen, weltanschaulichen oder politischen Überzeugung.» Und schon die Bundesverfassung von 1874 hatte recht. Da begann Artikel 4: «Alle Schweizer sind vor dem Gesetz gleich.» Zunächst also wird das Allgemeine in einem simplen, kraftvollen Hauptsatz ausgedrückt, und dann folgen die Einzelheiten: «Es gibt in der Schweiz keine Untertanenverhältnisse, keine Vorrechte des Orts, der Geburt ...»

1996 aber regiert überall die Angst vor dem kernigen Satz, die Lust an der Verschachtelung. Wer Zuwendungen ausländischer Regierungen entgegennimmt, sagt Artikel 46, ist nicht wählbar – ach nein, so sagt er es nicht; vielmehr: *ist* «als Mitglied von Bundesbehörden und als Bediensteter oder

Bedienstete des Bundes sowie als Mitglied kantonaler Regierungen und Parlamente» *nicht wählbar*; 18 Wörter also, die alle hätten angehängt werden können, zwischen die Hälften des Prädikates geklemmt, wie die deutsche Grammatik es leider erlaubt.

Auch über die Wahl einiger Begriffe wird man stutzen dürfen. In der Präambel des Entwurfs sind es «Volk und Stände», die sich die Verfassung geben. In Artikel 2 aber wahrt die Schweiz nicht mehr die Rechte der *Eidgenossen* wie 1874 und auch nicht die des Volkes, sondern der *Bevölkerung*; ähnlich wie nach Artikel 48 die Armee «die Schweiz und ihre Bevölkerung» verteidigt. *Bevölkerung* also. In der alten Verfassung kam das Wort nicht vor, und ein paar Tücken hat es auch.

«Bevölkerung» ist ursprünglich ein Vorgang, das Gegenteil jener «Entvölkerung» nämlich, wie sie einst der DDR drohte, so dass Ulbricht 1961 die Mauer bauen liess; eine Wiederbevölkerung Ostdeutschlands ist noch nicht in Gang gekommen. Den Philosophen ehrt es, wenn er aus den Wörtern noch ihre Urbedeutung heraushören kann, Bauern wiederum haben mit viersilbigen Abstraktionen auf -ung meist wenig im Sinn, und alle Stillehrer sind mit ihnen im Bunde. Bevölkerung als Synonym für Volk zu verwenden ist also etymologisch bedenklich und stilistisch ein Rückschritt.

Dagegen wird vorgebracht, Bevölkerung sei

eben nicht dasselbe wie Volk, sondern umfasse zusätzlich die im Lande ansässigen Ausländer. So gesehen, wäre es sehr höflich, dass auch ihr Schutz zum Verfassungszweck erhoben werden soll. Nur hätte man dann besser gleich von «allen Bewohnern» gesprochen – denn die Sprache macht eine solche Unterscheidung zwischen Volk und Bevölkerung nicht mit. Das Volksvermögen heisst eben nicht Bevölkerungsvermögen, obwohl es das Vermögen aller an einer Volkswirtschaft beteiligten Personen, mithin auch der ansässigen Ausländer, ist, und wenn ein Politiker sich auf «weite Kreise der Bevölkerung» beruft, so meint er nur die, die ihn wählen können, also das Volk.

So dominierte denn vermutlich, Insider bestätigen es, bei der Wortwahl «Bevölkerung» eine Scheu vor dem Pathos, das im «Volk» mitschwingt, eine Konzession an den Zeitgeist. «Volk» ist nicht mehr bevölkerungstümlich. Schade – da doch die Leipziger 1989 mit ihren Transparenten «Wir sind das Volk» die DDR erschütterten; schade auch, weil ein Volk, das sich eine solche Verfassung gibt, sich eigentlich nicht vor sich selber zu genieren braucht. Hätte doch an dem Entwurf einer mitgearbeitet, der ein Herz für Martin Luther oder Johann Peter Hebel hat! Er hätte der Bevölkerung aufs Maul geschaut, und das Volk hätte es gemocht, oder umgekehrt.

Um dem Kaiser seinen Bart

Deklination ist ja mühsam und folglich nicht mehr modern. Hier ein *n* anhängen und da ein *s* – kann man das nicht einfach bleiben lassen? Kohl-Berater, Clinton-Katze liest man in der Zeitung allenthalben, zweimal das *s* durch einen Bindestrich ersetzt. Wie praktisch und wie chic! «Schumacher liess Ferrari-Kollege hinter sich», stand 1996 in der *Frankfurter Allgemeinen* – ist das nicht ein Fortschritt gegenüber dem gespreizten «seinen Ferrari-Kollegen», das die Grammatik fordert, aber wie lange noch? Wenn der Verein «Rettet dem Dativ» nicht wirksam gegensteuert, wird der Kasus sterben und vielleicht nur noch bei Wilhelm Busch zu finden sein: «Man hört nichts weiter von Paulinen als: Döppe, ich verachte Ihnen!»

Lange vor dem Dativ aber wird der Zeitgeist uns des Genitivs berauben. Im Althochdeutschen ist er verwurzelt, Reste davon haben sich in einzelnen Sprachinseln der Walser erhalten wie in Bosco-Gurin im Tessin: «Gib mr es Gläsli desch» (dessen), sagen dort noch ein paar alte Leute. Im Mittelhochdeutschen stand der Genitiv bei *haben*, besitzanzeigend: «Eines Rosses haben», schrieb Walther von der Vogelweide («Ich han nicht rosses, daz ich dar gerite»), und so noch bei Luther, der aus dem Korinther-Brief übersetzte: «Wenn ich mit Menschen- und mit Engelzungen redete und hätte der Liebe nicht ...»

Die Evangelische Kirche beider Deutschland hat das 1984 revidiert. Nun hätten wir *die Liebe* nicht – vor allem nicht mehr die zum Genitiv. In den meisten Mundarten war er ja nie populär, «dem Müller sein Kind» hiess immer die volkstümliche Ausdrucksweise. Im 18. Jahrhundert nahm der Genitiv einen letzten Anlauf, seinen Einfluss zu vergrössern: Goethe schrieb einerseits «trotz dem Wolkengraus», andererseits «trotz *aller* deiner Hoffnungen und Träume», obwohl das Trotzen eigentlich *allen* Hoffnungen hätte gelten müssen. Die Deutschlehrer haben dann bei trotz und dank den Genitiv propagiert, in Anlehnung an «kraft seines Amtes» und «seitens der Regierung», dieses Arm in Arm mit anderen bürokratischen Präpositionen wie mittels, zwecks, behufs und ausweislich.

Mit denen kann der Genitiv in der Tat keine Sympathie gewinnen; so wenig wie mit den Kaskaden der Abhängigkeit, wie Juristen und Funktionäre sie mit seiner Hilfe herzustellen lieben: «Die Aufhebung der Massnahmen der erhöhten Einsatzbereitschaft der Organe des Ministeriums für Staatssicherheit» im Osten, im Westen «Der Vergleich der Regelungen des Lastenheftes der

Firma Müller und des Entwurfs von § 9 der Auftragsbedingungen für Neubauvorhaben der Firma Meier».

Auch lässt sich nicht bestreiten, dass vielen Genitiven etwas Pathetisch-Altväterliches anhaftet: sich einer gewissen Verwunderung nicht entschlagen können, wie Thomas Mann es liebte, «des Widerrates nicht gedenk» bei Stefan George, bei Robert Walser, ironisch gebrochen: «... wessen ich meine Leser im voraus vergewissern möchte». Andrerseits kennzeichnet der Genitiv oft ein gehobenes, aber keineswegs verschrobenes Deutsch: sehenden Auges, stehenden Fusses, sich angesichts des Todes eines Besseren besinnen, kein Aufhebens machen um dessentwillen.

Schliesslich gibt es Genitive, denen auch ihre Verächter kaum entrinnen können. Weshalb und deshalb sagen sie natürlich, währenddessen oder meines Wissens. Beim Erachten freilich fallen viele in die Grube: Mehr als die Hälfte derer, die es verwenden, sagen «meines Erachtens nach», sie türmen also einen falschen Dativ auf den richtigen Genitiv, sie hören gar nicht mehr, dass mit «meines Erachtens» alles gesagt ist und sie, falls sie ihr *nach* unterbringen wollen, «nach meinem Erachten» sagen müssten.

In diese Mischung aus Unsicherheit und Abneigung ist eine Mode eingebrochen, die, aus Hamburg kommend, die meisten Journalisten deutscher

Sprache erfasst hat, bis hin nach Graz und Appenzell – die Grammatik zu ohrfeigen und den Genitiv förmlich zu erwürgen. «Die Witwe von Komponist Mancini» liest man da und «der Schwiegersohn von Deutsche-Bank-Chef Hilmar Kopper», oder dass der Politiker X die Probleme von Vorgänger Y übernommen habe. Von Vorgänger! Darf man hoffen, dass es da immer noch ein paar Lesern den Magen umdreht, auch wenn sie in der *Weltwoche* längst «den Überschüssen Herr werden» und die *NZZ* sich «den Gästen annimmt»? Und auch wenn in der Schweiz, in Anlehnung an «Ende Mai», die Floskel «Ende Jahr» gebräuchlich ist, die in Deutschland als falsch gilt?

Wehmütig erinnert man sich da der goldenen fünfziger Jahre. 1952 brachte Friedrich Dürrenmatt «Die Ehe des Herrn Mississippi» und 1955 den «Besuch der alten Dame» auf die Bühne, und 1956 hiess das Drama von Eugene O'Neill bei der deutschen Erstaufführung wirklich «Eines langen Tages Reise in die Nacht». Nicht mehr lange, nehmen wir mal an. Lange Reise von Tag in Nacht, das wär's doch. Auf eines schönen Kasus Reise in den Tod indessen trinken wir «es Gläsli desch», notfalls in Teufels Küche.

Gedownsized und entlassen

Die Globalisierung wäre ja nicht halb so schmerzlich, ginge sie nicht in allen hochentwickelten Staaten mit *outsourcing* und *downsizing* einher. Hartnäckig geistern diese drei Wörter durch den Wirtschaftsteil der Zeitungen und unsere Chefetagen, obwohl alle drei irreführend, zwei noch dazu hässlich, überflüssig und perfide sind.

Die Globalisierung begann im Jahre 1522 damit, dass die «Victoria» des Magallanes die erste Umrundung der Erde beendete. Die Ausbeutung auch der fernsten Weltgegenden durch die europäischen Kolonialmächte war damit eingeleitet; nur dass damals keiner von Globalisierung sprach. Das Wort Globus (lateinisch für Kugel, Ball und Klumpen) bürgerte sich erst im 17. Jahrhundert ein, und zwar für ein kugelförmiges Pappmodell der Erde; seit etwa 1800, zuerst bei Schiller belegt, soll es auch die Erde selbst bedeuten.

In den letzten Jahrzehnten wurde das Adjektiv *global* zum Liebling jener Leute, die gern von sich behaupten, mit ihrer politischen Verantwortung oder ihrer Marketing-Strategie umspannten sie die ganze Erde; und seit einigen Jahren sehen wir uns nun, sprachlich wie ökonomisch, der Globalisierung ausgesetzt, die in keinem Wörterbuch verzeichnet war. Sie soll die totale Verflechtung der Weltwirtschaft benennen, eine andere als die, die einst von Portugiesen und Spaniern eingeleitet worden war: Nun findet die Ausbeutung wechselseitig statt – nicht nur die der Armen durch die Reichen wie im Kolonialzeitalter, sondern auch die der Reichen durch jene, die endlich nicht mehr arm sein wollen.

Eine Erscheinungsform davon ist das *outsourcing*, die Verlagerung möglichst grosser Teile der Produktion in Länder mit niedrigeren Löhnen. Auslagern könnten wir das nennen, was nicht nur eine völlig treffende Übersetzung wäre, sondern noch dazu ein gewachsenes Wort von leidlichem Klang und nicht eine bürokratische Missgeburt, die in keinem Wörterbuch vorgesehen ist und selbst für amerikanische Ohren hässlich klingt. Russell Baker, berühmter Kolumnist der «New York Times», schrieb im April: «Wenn man vierzig Tage und vierzig Nächte einsam im Zimmer sässe und zu erraten versuchte, was *outsourcing* bedeuten soll – wie hoch wäre die Chance, dass einem dazu der Tycoon einfiele, der seine Mitarbeiter feuert, um von der Billigarbeit in andern Ländern zu profitieren?»

Doch eben damit ist der Reiz des Wortes im deutschsprachigen Management erklärt. Denn zum einen kann nichts so abscheulich sein, dass unsere

Global-Strategen es nicht köstlich fänden, wenn es nur frisch über den Atlantik schwappt, und zum anderen geniessen sie denselben Vorzug wie ihre amerikanischen Kollegen: Das Wort tarnt den brutalen Tatbestand.

Was beides auch für das *downsizing* spricht, den siamesischen Zwilling des *outsourcing*, eine Verschleierungsvokabel wie dieses, in keinem Wörterbuch verzeichnet und ebenfalls von bedeutender Hässlichkeit in allen Weltsprachen. *Size* ist der Umfang, die Grösse, *down* heisst hinab, *down-size* also: die Grösse hinunterschrauben – eine etwas umständliche Ausdrucksweise für einen Vorgang, den die Amerikaner *reduce* oder *diminish* und die Deutschsprachigen «verkleinern» nennen könnten, falls sie nicht direkter sagen wollen, was sie wirklich meinen: möglichst viel Personal entlassen, mit Hilfe des *outsourcing* und im Dienst der Globalisierung natürlich. *Downsizing* ist das Zauberwort für die Produktion von Millionen Arbeitslosen, und wenigstens die findet im eigenen Lande statt (offenbar weil es schwer wäre, sie auch noch outzusourcen).

Es mag ja alles sein: Der Globalisierung können wir nicht entrinnen, das Auslagern ist Teil einer oft unumgänglichen Überlebensstrategie, und niemand weiss so leicht ein Rezept, wie die Massenentlassungen vermieden werden können, die aus alldem folgen. Wenn die grossen Strategen sich doch nur sauberer Begriffe bedienten, um das Angestrebte und vielleicht manchmal auch Unvermeidliche auszudrücken! «Sag's geradeheraus, Freund», müsste man ihnen entgegenhalten, schreibt Russell Baker. «Komm' mir nicht mit *downsizing* und *outsourcing*, sondern sprich mit mir in schlichtem Englisch, unserer Muttersprache, möglichst in Wörtern mit einer Silbe.»

Böser sagt es Dilbert, eine Comic-Figur des Zeichners Scott Adams, die in kurzer Zeit 800 amerikanische Zeitungen erobert hat. «In den letzten drei Jahren bin ich gleich zweimal gedownsized worden», sagt Dilbert, und sein Urheber hat nach ihm das «Dilbert-Prinzip» benannt: Danach vollzieht sich der Aufstieg eines Managers pausenlos im Zustand der Inkompetenz, anders als beim bekannten «Peter-Prinzip», wonach jeder so lange aufsteigt, bis er sein individuelles Unfähigkeitsniveau erreicht hat; die Fähigkeiten, die er demnach vorher entwickelte, spricht Dilbert ihm ab.

Das ist natürlich schrecklich übertrieben, und nichts gegen Manager, die das Mögliche tun, um die Globalisierung zu überleben. Aber es sollte erlaubt sein, klares, schlichtes Deutsch von ihnen zu verlangen, zum Zweck des *insourcing* von Wahrheit und des *upsizing* von Muttersprache.

Von Zwecken und Dampfhühnern

In Atlanta haben sie frischen Aufwind bekommen, die Anleihen bei der Sprache des Sports. Statt am Ball zu bleiben, schoss der Politiker ein Eigentor, wofür der Präsident ihm die rote Karte zeigte; er warf jedoch nicht das Handtuch, sondern er bewies Nehmerqualitäten und verbat sich weitere Schläge unter die Gürtellinie. Trotzdem endete er «unter ferner liefen ...» Wer Karriere machen will, teilt mit, dass er in den Renngalopp zu fallen wünscht – und was wäre das Internet ohne die, die in ihm oder durch es surfen?

Von jeher haben wir unsere Metaphern, die Übertragungen eines Wortsinns in eine ihm ursprünglich fremde Sphäre, dem entnommen, was uns gerade beschäftigt: die Stichprobe den Hochöfen des 16. Jahrhunderts, die Fundgrube und den Raubbau der Bergmannssprache. Wir geben Gas nicht nur im Auto, und müde Geschäfte werden noch immer «angekurbelt», obwohl das bei Autos seit mehr als siebzig Jahren nicht mehr nötig ist. Für unsere zahlreichen militärischen Metaphern ist ein Friedensprozess nicht absehbar: Da wird noch immer vorgeprescht und in die Offensive gegangen, und Verkaufskanonen führen keine Rückzugsgefechte.

Solch spielerischer Umgang mit der Sprache hat auch Schwachsinn hervorgebracht und tut dies noch. Die Übertragung kann allzu gekünstelt sein, so, wenn Rilke reimte:

> Da bohrte sich mit wonnewilder Kraft
> Aus deines Herzens weissem Liliensamen
> Die Feuerlilie der Leidenschaft.

Die Vermengung von Metaphern wiederum – eine Lieblingsbeschäftigung von Journalisten und Politikern – erzeugt meist unfreiwillige Komik: «Der Platzhirsch musste Federn lassen» oder «Mit dem habe ich noch ein ernstes Huhn zu rupfen».

Solchen Risiken steht die Chance gegenüber, dass die Metapher unsere Ausdrucksmöglichkeiten radikal erweitert. Da tauchte plötzlich nicht nur ein Frosch auf, sondern auch eine Idee, da begriffen wir nicht nur Holz, sondern auch einen anderen Standpunkt; da lösten wir nicht nur Schmutz, sondern auch Probleme. Aus alten Wörtern neuen Sinn herauszulocken ist die typische, oft die einzig mögliche Art, unvermutete Erfahrungen ins Wort zu bannen und blosse Ahnungen zu Begriffen zu verdichten, also die Grenzen des Sagbaren hinauszuschieben.

Wie sehr die Sprache von Metaphern durchdrungen ist, auf welchen verschlungenen Wegen da so manches Wort von Bedeutung zu Bedeutung hüpfte, das machen wir uns selten klar. Das Bureau war ursprünglich ein grober Wollstoff, dann auch der Schreibtisch, der damit bespannt war, dann der Raum, in dem die Schreibtische stehen, schliesslich der Arbeitsplatz derer, die die Schreibtische benutzen; und Bürokraten sind keineswegs Menschen, die über Wollstoffe herrschen.

Ihre wichtigste Rolle spielt die Metapher dort, wo sie und nur sie das Neue sagbar macht. Wie hätte der mährische Augustinermönch Gregor Mendel das Gesetz benennen sollen, das er entdeckte? Kühn übertrug er darauf ein Wort, das seit Jahrtausenden nur juristisch verwendet worden war: vererben. Wie sollte man den qualmenden Schienenwagen taufen, für den gelehrte Herren später den hässlichen Namen «Lokomotive» erfanden? Dampfross sagten die Leute. Und mit der Metapher Dampfhuhn (steam chicken) versuchten nordamerikanische Indianer das Zeug, mit dem sich der weisse Mann nun auch noch in die Luft erhob, sprachlich zu bewältigen.

Dampfross und Dampfhuhn haben sich nicht durchgesetzt, wie schade. Ob eine Übertragung Chancen hat, weiss man erst hinterher. Goethe irrte sich, als er 1831 Eckermann belehrte: «Wie kann man sagen, Mozart habe seinen ‹Don Juan› komponiert! Als ob es ein Stück Kuchen oder Biskuit wäre, das man aus Eiern, Mehl und Zucker zusammenrührt!» Erfolgreich wie im 19. Jahrhundert der Komponist war im 20. Jahrhundert der *sky scraper*, Himmels-Schaber, 1908 in New York geprägt, als das 187 Meter hohe Singer Building in eine Dimension vorstiess, für die man das Wort Hochhaus als zu schwach empfand.

Viel Erfolg sollten wir einer Metapher wünschen, die um den Globus geht, seit der sowjetische Sputnik 1957 das Zeitalter der Raumfahrt eröffnete: Raumschiff Erde. Nun konnten wir ja auf Fotos sehen, was wir bis dahin nur theoretisch gewusst hatten – dass die Erde eine Kugel ist, eine unter Billionen im All und noch dazu eine verhältnismässig kleine. «Raumschiff», da tritt die Begrenztheit unseres Planeten als Bild in zwei Silben vor uns hin, da fühlen wir uns eher als durch Proklamationen aufgerufen, vielleicht nicht mehr so grosskotzig mit der alten Erde umzugehen. Da ist etwas von dem erreicht, was Erhard Eppler, jahrzehntelang der strategische Denker der SPD, in einem Buch von 1992 vermisste: die Fähigkeit, für die Probleme unseres Überlebens die angemessene Sprache zu finden.

Ja, sie vermögen viel, die Wörter. Man braucht sich nur zu vergegenwärtigen, dass der Reisszweck im Zentrum der Schiessscheibe des Armbrustschützen zum Zweck überhaupt geworden ist und unsere Philosophen befähigt, dem Endzweck des Universums nachzugrübeln. Und da sollte eine zündende politische Metapher zwecklos sein?

Zweisam, bauchlos und verschmust

Wer ist vor allem sportlich, gutaussehend, humorvoll und sinnlich, im Einzelfall aber auch parkettgängig, versonnen und umzugsbereit? Es sind die Männer, die in der Hamburger Wochenzeitung *Die Zeit* eine Frau suchen. Die in der *NZZ* dasselbe tun, sind nach ihrer Selbstauskunft in erster Linie gutaussehend, humorvoll und gebildet – sportlich erst an zwölfter, sinnlich an siebzigster Stelle, hinter charismatisch, bauchlos und europhil.

So geht es jeweils aus einer Samstagsausgabe von 1996 hervor und mag also Zufall sein. Jedoch: Mit einer Wortschatz-Analyse des Heiratsmarkts der führenden Regionalzeitungen in denselben Städten kombiniert, des *Hamburger Abendblatts* und des *Tages-Anzeigers*, entsteht ein Korpus aus weit über tausend Nennungen von 240 Eigenschaften, die die Suchenden teils sich selbst zuschreiben, teils sich bei dem oder der andern oder für die Ehe wünschen, von *abenteuerlustig* bis *zweisam* – und das ergibt durchaus eine aussagekräftige Momentaufnahme dessen, was im Norden wie im Süden des deutschen Sprachraums in Ehren steht bei denen, die ihren Ehewunsch der Zeitung anvertrauen.

Zweisam: seltsames Adjektiv, vom Duden als «selten» eingestuft, zusammen mit *Zweisamkeit* aber in allen vier Blättern die bei weitem häufigste Beschreibung, wie sich Mann und Frau die Ehe wünschen. Dass die nicht aus weniger als zweien bestehen kann, würde ja der Erwähnung nicht bedürfen. Sollte «zweisam» also heissen: Keine Kinder, bitte (*kinderlieb* ist eine Eigenschaft, die sich nur knapp vor *tierlieb* behaupten kann) – mindestens aber keine Wohngemeinschaft mit der Schwiegermutter? Eher ist Zweisamkeit wohl der Gegenpol zu der Einsamkeit, die ein Ende haben soll.

Oft scheint eine gewisse Scheu vor einer Wortwahl vorzuliegen, die aus der Mode ist oder auf mangelnde Emanzipiertheit deuten könnte; zumal in der *Zeit*. Das Wort *treu*, selten überall, ist dort verpönt, *nett* ebenso (was sich sonst im Mittelfeld bewegt), erst recht *kuschelig* (Favorit im *Hamburger Abendblatt*, auch in der *NZZ* dreimal ausgelobt) und *verschmust* (beliebt in den beiden grossen Regionalzeitungen). Dafür hat die *Zeit* den bei weitem grössten Anteil an attraktiven Frauen, ihrer Selbstdarstellung zufolge.

Doch auf diesem Wortfeld – *attraktiv* (125 Nennungen), *gutaussehend* (76), *vorzeigbar* (19), *ansehnlich* (11) – spielt sich eine der Tragödien ab, die in den Inseraten schlummern. Denn nur 49 Männer suchen eine attraktive Frau, aber 99 Frauen rühmen sich, attraktiv zu sein! Unscharfe Wortwahl – schiefe Selbsteinschätzung – oder Verwerfung auf dem Heiratsmarkt? Sollte es ein Überangebot an weiblicher Schönheit geben, auf die sich keine männliche Nachfrage richtet?

Auch die Eigenschaft *humorvoll* ist nicht zum Lachen. In allen vier Blättern ist sie die erste, die die Frau vom Mann erwartet, 71mal. Aber nur 35 Männer sprechen sich Humor zu; sich als *gutaussehend* und *sportlich* zu beschreiben ist ihnen wichtiger. Und dass die Frau ihrerseits humorvoll sein sollte, kommt nur 12 Männern in den Sinn. Wie lässt sich da auf lustige Ehen hoffen?

Das ärgste Missverhältnis offenbart sich in der akademischen Bildung. 52 Männer, die mitteilen, dass sie sie haben, suchen nur 25 Frauen, die sie ebenfalls besitzen sollten; gutes Aussehen und Intelligenz ist den Männern wichtiger. Das ginge ja noch. Aber 66 bekennende Akademikerinnen sind nur an 8 Akademikern interessiert! Humor sollen die Männer haben, intelligent und attraktiv sollen sie sein! Eine Verbesserung der Heiratschancen geht mit einem Studium also nicht einher; ein Akademiker ist für die Zweisamkeit genug.

Manchmal staunt man über die Verengung des Marktes, wie sie durch allzu detaillierte Vorstellungen zustande kommt: «Äusserlich bist Du der Typ Dora Carrington» (liest man im *Tages-Anzeiger*), «bis ca. 1,70 gross; ein Touch von Nonkonformismus, Spontaneität nebst latentem Hang zum *dolce far niente* würden mir liegen ...» Wenn nun dieser Hang nicht latent, sondern offenkundig wäre – hätte der Typ Dora C. dann alle Chancen verspielt? Auch über jene Anzeigen wird man stutzen dürfen, in denen Männer Frauen suchen, die *lernwillig*, und solche, die *konfliktfähig* sind (in jeder der vier Zeitungen) – ohne dass einer der Männer sich selber eine dieser Eigenschaften zuspräche. Der Mann lehrt, die Frau lernt; der Mann macht Ärger, die Frau soll ihn ertragen: Nur so eigentlich kann man das lesen.

Aber genug der Analyse. Wer durch den Wald der Inserate schlendert, kann sich auch ganz anderen Eindrücken öffnen: den Selbstbezichtigungen beispielsweise (eigenwillig, unordentlich, bissig und frech) oder der unverhüllten Sinnenfreude (siebenmal *lüstern*, nicht jedoch in der *NZZ*). Er findet die Schüchternen und die Verletzlichen, die Empfindsamen und die Romantischen; er wird eingelullt in Häuslichkeit, Beschaulichkeit, Gemütlichkeit und Charme. Ja ihm ist, als schwömme er durch einen Ozean betörender Eigenschaften: Warmherzig und feinfühlig sind diese Menschen, musikalisch und poetisch, geistreich und weltoffen, stilvoll, charakterstark und souverän. Und dies ist alles wahr, jedenfalls in gewisser Weise – als Ausdruck des redlichen Ringens um jene Worte nämlich, die das eine Wort herbeizaubern sollen: das zweisame Ja.

Ausgehen ist angesagt

«Ausgehen» gehört zu den Wörtern, die den deutschlernenden Ausländer zur Verzweiflung treiben. Ob wir ausgehen (ins Theater) oder leer ausgehen (in der Lotterie), ob das Licht ausgeht oder der Schnapsvorrat oder ein Prozess (nämlich zum Beispiel glimpflich für den Angeklagten), ob alle Staatsgewalt vom Volke ausgeht oder ob ein Politiker davon ausgeht, dass die Konjunktur sich beleben, die Kriminalität sinken, die europäische Währung kommen wird – all das wird durch dieselben Silben ausgedrückt. Kein Wunder also, dass wir keine Ahnung haben, was der Politiker gesagt hat, wenn er gesagt hat, dass er fürs nächste Jahr von einem ausgeglichenen Haushalt ausgeht. Alles und nichts hat er gesagt, und das gefällt ihm ungemein: keine Floskel verwendet er lieber.

Geht er also beispielsweise von einer sinkenden Arbeitslosenquote aus, so möchte er, dass wir die Gewissheit heraushören, die in der Redensart beschlossen sein kann, wie beim Volk und der Staatsgewalt. Der ungeheure Reiz dieser hartnäckigen Ausgeherei liegt nur eben darin, dass dasselbe Wort nicht weniger als vier schwächere Bedeutungen hat, und auf jede kann der Politiker sich berufen, wenn die Arbeitslosenquote mal wieder nicht gesunken ist.

Mit vollem sprachlichem Recht darf er erstens behaupten, er habe keine Prognose stellen, sondern nur seine Entschlossenheit ausdrücken wollen, das Mögliche gegen die Arbeitslosigkeit zu tun. Dies würde ihm freilich den Vorwurf mangelnder Tatkraft oder Fortune zuziehen. Also könnte er zweitens geltend machen, er habe nur eine gewisse Wahrscheinlichkeit im Sinne gehabt: Ich vermute, ich erwarte, ich nehme an, dass die Arbeitslosenquote sinken wird. Ich muss aber, drittens, nicht einmal vermutet haben: vielleicht habe ich ja nur gehofft – wie der Lottospieler auf den Millionengewinn, den er gleichwohl nicht für wahrscheinlich halten kann. Als letzte Zuflucht eines Menschen, der mit möglichst pompösen Worten am liebsten überhaupt nichts gesagt haben möchte, bleibt schliesslich viertens: Er habe «Wenn ich mal davon ausgehe, dass ...» gemeint, eine von einem halben Dutzend Möglichkeiten habe er angeleuchtet – wie könne man ihn nur so missverstehen! Ja: Es ist schön, dass einer, der überhaupt nichts versprochen hat, auch nichts Falsches versprochen haben kann.

Solche kalkulierte Verwirrung der Wählerschaft lässt sich noch steigern, indem der Politiker *langfristig* davon ausgeht, dass ... Mit dieser Standardvokabel wird ein Wortsinn, der ohnehin wenig grösser ist als Null, noch einmal halbiert. «Langfristig» kann nämlich dreierlei heissen: ab sofort auf lange Zeit, oder an einem fernen Zeitpunkt beginnend auf lange Zeit, oder an einem fernen Zeitpunkt beginnend auf kurze Zeit; ja aus den drei Bedeutungen werden sechs, wenn ein Superschlauer geltend machte, er habe nie gesagt, dass es übermorgen weniger Arbeitslose gebe, sondern nur, dass er übermorgen davon ausgehen werde, dass irgendwann die Arbeitslosenquote sinkt.

An den Journalisten wäre es, diesen Bedeutungsknäuel zu entwirren, dem Politiker also, falls er sich der Presse stellte, mit spitzen Fragen auf den Leib zu rücken: «Prophezeien Sie? Vermuten Sie? Hoffen Sie? Oder meinen Sie ein blosses ‹Mal angenommen, dass …›? Und ab wann und für wie lange, bitte?» Ist aber keine Nachfrage möglich, so bestünde immer noch die Chance, der Verschwommenheit der Rede durch die Verweigerung von Druckzeilen oder Sendezeit gerecht zu werden.

Aber ach! Die meisten Journalisten, sie sind nicht so. Im Drang der Geschäfte, im Dauerbad der Routine geht die penible Recherche, die kritische Distanz allzu oft verloren. Die Presse neigt dazu, den Politiker mit seinen nebulösen Redensarten davonkommen zu lassen. Er muss nicht einmal jonglieren mit den vier oder fünf Bedeutungen seines Lieblingswortes, denn man fragt ihn nicht.

Wie selten die Sprachanalyse auf dem Programm

der Journalisten steht, sieht man an einem Missbrauch, den sie selber treiben, im deutschen Sprachraum flächendeckend seit Jahrzehnten: Da wird *angesagt.* So hiess es in der «Sonntagszeitung» über die Zürcher Street Parade vom August: «Mitmachen ist angesagt». Angesagt waren in derselben Ausgabe aber auch «Kultur» und «Mässigung der Geschwindigkeit».

Das ist bemerkenswert in zweifacher Hinsicht. Wenn wir davon ausgehen, dass die Floskel einmal gut gewesen wäre, so müsste sie doch nach den ersten fünfmal hunderttausend Verwendungen jedem Freund der Sprache auf die Nerven gehen, wie jene Beamten, Banken und Ganoven, die uns erbarmungslos «zur Kasse bitten». Doch viel schlimmer: Schon vom ersten Tage an war die Floskel schlecht. Sie ist ja ein anonymer Imperativ, eine Bevormundung aus unbekannter Quelle, sie versteckt das, worauf alles ankommt: Wer hat denn das Mitmachen «angesagt» – der Veranstalter? Eine zuständige Behörde? Oder die Redaktion in eigener Regie?

Sich hinter wabernden Redensarten verstecken und in Kauf nehmen oder gar anstreben, dass sie Verwirrung stiften: Da ist Misstrauen angesagt. Möge es denen, die solche Phrasen in Umlauf setzen, übel ausgehen, wenigstens langfristig.

Wir wolen besser Deusch!

Zur deutschen Sprache haben in den letzten Monaten vier höchst unterschiedliche Instanzen einen jeweils bemerkenswerten Beitrag geleistet: Brigitte Bardot, die «New York Times», die Zeitung «L'Estel de Mallorca» und die Elektrizitätswerke des Kantons Zürich.

Die Bardot lässt uns in ihren Memoiren wissen, den deutschen Playboy Gunter Sachs, später einer ihrer Ehemänner, habe sie mit seinen Freunden reden hören «in dieser gutturalen, wilden und keinen Widerspruch duldenden Sprache». Hübsch gesagt und schwer zu glauben: der Widerspruch wohl mehr eine Frage des Individuums, das Gutturale in Uri, Amsterdam und Kairo in höherem Grade zu Hause.

Wenn die deutsche Sprache aber «wild» sein sollte, so kann sie sich doch ebenso in einer flüsternden Zärtlichkeit entfalten, die viele Ausländer an ihr rühmen: *Schmusen* ist das Lieblingswort eines spanischen Journalisten, der in Deutschland lebt, es ist von einer Sanftheit, die seine Sprache nicht kennt – sie, in der selbst die Frau mit einem Rachenlaut benannt wird, *mujer*, zu schweigen von Krächzwörtern wie *cerrajeria*, der Schlosserei. Und Mark Twain, der viel Spott über das Deutsche ausgegossen hat, lobte seinen Reichtum an Wörtern für das Leise: surren, summen, sirren, schwirren, säuseln, rascheln, plätschern, raunen, wispern, rieseln.

In der «New York Times» prophezeite ihr Sprachkolumnist William Safire, in hundert Jahren werde Englisch die Muttersprache eines Drittels der Menschheit sein und für die anderen zwei Drittel die internationale Verständigungssprache – ein mit frischer Würze versehenes Englisch freilich, mit Importen angereichert, wofür Safire als Anleihen beim Deutschen *Schadenfreude, Faulpelz* und *Fingerspitzengefühl* empfahl. Andere zusammengesetzte Hauptwörter sind ja längst zu Dutzenden im Englischen heimisch: Rucksack und Hinterland, Weltschmerz und Weltanschauung, Realpolitik und Ostpolitik, Katzenjammer und Götterdämmerung, Zeitgeist, Waldsterben, Vergangenheitsbewältigung und Fahrvergnügen. Auch unter den einfachen Substantiven haben sich einige den Weg ins Englische gebahnt: Angst, Lied, Kitsch, Ersatz und Gemütlichkeit.

Der «L'Estel de Mallorca» ist eine Zeitung in Mallorquin, einem Dialekt des Katalanischen, wie es in Barcelona gesprochen wird. Das Blatt hat sich an die Spitze einer Bewegung gesetzt, die dabei ist, die Rolle der von Franco unterdrückten Regionalsprachen weiter zu vergrössern: In drei Sprachen, Katalanisch, Englisch und Deutsch, fordert es,

Spanisch auf Mallorcas Schulen nur noch als Wahlfach zuzulassen, es als Pflicht aber durch Englisch oder Deutsch zu ersetzen: «Wir sind in Europa! Wir wolen besser Deusch oder Englisch als Spanisch!» heisst es in der deutschen Version.

Auf Mallorca zu erstaunlicher Höhe gehoben und in New York immerhin mit einem Schulterklopfen versehen, wird das Deutsche von den Elektrizitätswerken des Kantons Zürich auf den Boden der traurigen Tatsachen heruntergeholt. In ihrer Zeitschrift «Strom» ist eine Seite «That's it» enthalten, auf der man erfährt, dass «The Beep» einen «alphanumerischen Pager» bekommen hat oder dass eine MiniDisc, kleiner als jeder Discman, wo hineinpasst – in jede Handtasche? Nicht doch: in jeden Citybag. Dass sich da High-Tech für Freaks breitmacht, wird ja schon kaum noch als Englisch empfunden – wofür schliesslich hat die Schweiz fünf Landessprachen!

Nicht, dass es auf einer Seite «That's it» nicht auch deutsche Wörter gäbe. «Lavalampen sind praktisch unkaputtbar» zum Beispiel heisst einer der wenigen Sätze, in die das Englische sich nicht eingeschlichen hat. Aber so geht es eben, wenn man heute noch deutsch zu schreiben versucht: *unkaputtbar* schreibt man dann. Werbetexter haben das Unding ersonnen, «Deutschlands meiste Kreditkarte» stammt ja auch von ihnen; offenbar versprechen sie sich eine vermehrte Aufmerksamkeit, wenn sie die deutsche Grammatik fröhlich ruinieren.

Selbst in ihrem Sinne aber hat das einen Haken: Zwischen modischer Schul-Laxheit, zunehmender Lese-Unlust und hochmütigem Werbedeutsch zerrieben, wird die Grammatik immer mehr Zeitgenossen so wenig selbstverständlich, dass sie über kurz oder lang einen Verstoss gegen sie gar nicht mehr erkennen werden, der Werbung also ihre eigene Waffe aus der Hand schlagen. Sollten wir auf diese Weise den Tag erleben, an dem eben ein korrekter Satz aus deutschen Wörtern von den Umworbenen als Sensation empfunden würde? (Eine mögliche Werbestrategie von übermorgen.)

Werbung hin oder her – eine Kundenzeitschrift der Elektrizitätswerke hätte den Unfug ja nicht mitmachen müssen. Mit der Nachsilbe -*bar* lassen sich nur transitive Verben in Adjektive verwandeln: heilen – heilbar – unheilbar. «*Unkaputtmachbar*» wäre zwar nicht schön, aber immerhin korrekt; in Ermangelung eines Tätigkeitswortes wie kaputtieren steht aber fürs Kaputte das *bar* nicht zur Verfügung.

Hört das noch jemand? Spürt das noch jemand? Oder sollte das Deutsche schon irreparabel zerkaputtet worden sein, unganzbar sozusagen? Nun, ein paar Freunde hat es wohl noch, und mit ihnen allen rufen wir: «Wir wolen besser Deusch, von Miteleuropa meiste Sprache!»

Jetzt, demnächst oder nie

Verwirrend genug, dass das lateinische *altus* zugleich hoch und tief bedeutet und das französische *personne* jemand und niemand, immer mehr aber «niemand» in der Umgangssprache, «Person» soll «keine Person» bedeuten, so einfach ist das. Nun hat sich das Privatfernsehen daran gemacht, dem bisher unschuldigen Wort *jetzt* den Sinn «jetzt gerade nicht» aufzunötigen; und wenn ihm das gelänge, dann hätten wir kein Wort mehr, mit dem sich beschreiben liesse, dass etwas in diesem Augenblick geschieht oder im nächsten Augenblick beginnt.

Man muss einräumen, dass wir noch nie verliebt in Wörter waren, die uns auf die Gegenwart oder auf eine nahe Zukunft festnageln wollen. «Ich erledige das so schnell wie möglich», sagen wir beispielsweise, und oft lachen wir uns dabei ins Fäustchen: Es mag ja in sieben Wochen sein. Warum es vorher nicht möglich war, werde ich schon zu begründen wissen.

Auch das Wort *sofort* verweist als Meister des Eiertanzes auf Wortbedeutungen, die wir nicht mögen. Eigentlich heisst «sofort»: unverzüglich, alles stehen- und liegenlassend. Wenn eine Verordnung «ab sofort» gilt, dann eben nicht ab übermorgen, und wer ein schreiendes Kind anherrscht «Du bist jetzt sofort still!», der will nicht, dass der Lärm in zwei Minuten aufhört, sondern in der nächsten Sekunde.

Aber da es unbequem und unwillkommen ist, die eigene Tätigkeit so rabiat zu unterbrechen, betreiben wir seit Generationen eine Begriffsaufweichung: Wer auf einen Zuruf mit «Komme sofort» reagiert, teilt de facto mit, dass er eben nicht alles liegenlässt, sondern in ein paar Minuten zu kommen gedenkt, sobald er noch dieses oder jenes zu Ende geführt hat; «in baldiger Bälde» also, mit Karl Valentin zu sprechen.

Dem *sofort* ergeht es ähnlich wie dem *gleich*, das eigentlich *sogleich*, das heisst wiederum *sofort* bedeutet, noch bei Nestroy: «Es muss ja nicht gleich sein, es hat ja noch Zeit.» Die in Deutschland beliebte Restaurantauskunft «Kollege kommt gleich» jedoch besagt: Lieber Gast, du wirst noch ziemlich lange nicht bedient werden – mit einem ähnlichen Effekt wie die verwandte gastronomische Höchstleistung «Der Kaffee kommt frisch», deren Sinn nur lautet: Glauben Sie ja nicht, dass Sie schon bald mit Kaffee rechnen können.

Auf diesem Weg schreitet das Privatfernsehen mit kommerzieller Entschlossenheit voran. Es unterscheidet *gleich* von *jetzt* oder *in wenigen Augenblicken*, und Schindluder treibt es mit allen dreien. Während Film A noch läuft, endet der letzte oder vorletzte Werbeblock oft mit einer Reihe greller Szenen aus Film B, mit der Ansage: «Gleich auf RTL» (zum Beispiel). Und was heisst das? Nun noch der Schluss von Film A, dann die Werbung zwischen den Filmen und dann Film B, frühestens in einer Viertelstunde. Nie zuvor wurde das Wort «gleich» so dreist gedehnt, nicht einmal im Restaurant.

Ist Sendung A beendet, so wird zum zweitenmal auf Sendung B verwiesen, nun mit der Formel «in wenigen Augenblicken» – wiederum eine kalkulierte Irreführung, denn der Augenblick ist definiert: irgendwo zwischen 0,06 Sekunden, der Wahrnehmungsschwelle des Auges, und 0,8 Sekunden, der Schrecksekunde, die uns die Gerichte bei Unfällen zubilligen. Mit «wenigen» multipliziert, kann es sich unmöglich um mehr als zehn Sekunden handeln. So rasch aber beginnt Film B durchaus nicht – erst müssen wir uns minutenlang von Reklame vollquäken lassen.

Immerhin: Die Auskunft «In wenigen Augenblicken» enthält einen Rest von Fairness, insofern, als sie, wenn auch irreführend kurz, in die Zukunft greift. Häufiger hören wir «Jetzt auf SAT 1», und das vor dem Werbeblock – jetzt also nicht! Da wird die Zukunft als Gegenwart ausgegeben und die Sprache genotzüchtigt. «Jetzt», das hiess bisher unangefochten: wenn wir im Fernsehen Zeuge werden, wie Boris Becker bei den Australian Open einen Matchball schlägt, auf der anderen Seite des Globus; und da ist das Licht, die Umwege über Satelliten eingerechnet, etwa eine Fünftelsekunde unterwegs, für einen Zeitraum also, der sich mit dem Wort «jetzt» gerade noch überbrücken lässt.

Die lähmenden Minuten aber, die die Privatsender zwischen das gesprochene Jetzt und das erlebte zwängen, liessen sich, nach der anderen Seite übertrieben, auch so beschreiben: «Unseren nächsten Film sehen Sie nach Durchquerung einer Werbewüste. Die Minuten werden Ihnen wie Stunden vorkommen. Verzagen Sie nicht! Demnächst viel Vergnügen.» Oder so: «Da *jetzt* der neue Film beginnt, laden wir Sie unfreiwillig ein, die nun folgenden Werbespots aus Ihrem Bewusstsein auszublenden.»

Sollte dem Fernsehen mit dem *jetzt* gelingen, was wir mit *sofort* und *gleich* bauernschlau schon angerichtet haben, so bleibt uns für das Jetzige nur die Umschreibung «in diesem Augenblick» und für das Sofortige der Rückgriff auf Wörter aus einer Zeit, da das Fernsehen nicht erfunden war: spornstreichs, stehenden Fusses, ungesäumt. («Postwendend» war einst auch gebräuchlich, aber das mit naher Zukunft zu assoziieren, hat die Post uns abgewöhnt.) Während wir im Sport die Exaktheit bis zur Hundertstelsekunde treiben, machen wir in der Sprache Gulasch aus den Tempora.

Das erzählte Mittagessen

Wenn sich auf einer Zeitungsseite die prozesshaften Werkhandlungen mit der kokett ästhetisierenden Bestandsaufnahme des Nächstliegenden treffen und beide in den spannungsvollen Dialog zwischen Fenstersturz und Dachrinne einbezogen werden – dann befinden wir uns im Feuilleton einer anspruchsvollen Zeitung, da, wo die Kritiker der bildenden Künste und der Musik ihrer sauren Arbeit nachgehen, das eigentlich Unaussprechliche dennoch sagbar zu machen.

Das mag ja gelingen – wie es Robert Schneider in «Schlafes Bruder» gelungen ist, die Orgelimprovisationen des vermeintlichen Dorftrottels Johannes Elias Alder in einen Orkan der Worte zu verwandeln, oder Thomas Mann im «Doktor Faustus», den stotternden Schulmeister Wendell Kretzschmar eine Stunde lang erklären zu lassen, warum Beethoven zu seiner Sonate opus 111 keinen dritten Satz geschrieben habe.

Der Kritiker aber soll dergleichen an einem Vormittag leisten, hundertmal im Jahr, im Korsett der Zeilen und Termine! Das Problem soll er lösen, vor dem der spanische Philosoph Ortega y Gasset kapitulierte: «Das Schicksal, unsagbar zu sein, teilt das Höchste mit dem Niedrigsten: Weder Gott noch die Farbe dieses Papiers kann mit Worten beschrieben werden.»

Unerschrocken schreibt der Kritiker zum Beispiel: «In der raumfüllenden Installation ‹Aufgefangene Augenblicke› (1996) mit Gipsschalen auf Eisenfüssen eröffnet der uneindeutige Hinweis auf die menschliche Gehirnschale ein weites Assoziationsfeld» *(Stuttgarter Zeitung).*

Solchermassen zum Assoziieren aufgerufen, fragt sich der Leser, wie sich das Uneindeutige zum Zwei- und Vieldeutigen verhalten mag, ja ob ein eindeutiger Hinweis das Assoziationsfeld verengt oder gar eskamotiert haben würde (jener Leser nämlich, wie wir uns ihn als würdigen Partner des Schreibers wünschen müssen). Über Georg Baselitz konnten wir in der *Frankfurter Allgemeinen* erfahren, er erstrebe «eine Selbstermächtigung der Malerei aus der Negation des Motivs, an das sie gleichwohl obsessiv gebunden bleibt», und unseren Wunschleser hören wir assoziieren: von der Negation besessen, durch Negation zu sich selbst ermächtigt, siebendeutig klar wie Gips!

Da ist es ganz ungerecht, dass das amerikanische Nachrichtenmagazin *Time* sich über den «pompösen Schwulst» (the turgid hyperbole) der deutschen Kritiker mokierte. Wie sollte man denn anders schreiben über Rudolf Kelterborns Sinfonie IV als die *NZZ:* «Grundzug des vielgestaltigen Stücks ist ein Adagio-Gestus, Kontrast bildet das hauptsächliche Gestaltungsmittel: Eine weitschweifende, thematische Melodik wird einer dichten, körperhaften Gestik gegenübergestellt, Expansion der Kontraktion, Motorik statischen Flächen, ein heller Klang dunklen Passagen. Metaphorisches scheint auf, und spätestens der resignative Schluss ...»

Schluss. Es wäre kleinlich zu monieren, dass «resignativ» ein hässliches Modewort für resignierend sei oder dass die Floskel «Metaphorisches scheint auf» Appetit auf jene Metaphern mache, die der Autor kokett im Ungenannten versacken lassen möchte. Doch wie ungerecht! Da liefere einer erst einmal etwas Besseres, in Zeilenvorgaben eingeklemmt, von Paradigmenwechseln heimgesucht, von surrealer Wortmagie umsponnen und bei alldem vor die Aufgabe gestellt, Leser zu sättigen mit einem erzählten Mittagessen!

Natürlich, es hält sich die Behauptung, etwas weniger vom Galaktischen durchwabert liesse sich schon schreiben über Musik und Malerei – falls der Autor sich nur abgewöhnte, mit den Äolsharfen seiner Prosa allein auf Galeristen und Museumsdirektoren zu zielen oder auf die ausübenden Musiker und die Kritikerkollegen. Vielleicht könnte er dann statt zwei Prozent der Leser fünf erreichen und damit Verständnis wecken, Zugang schaffen, statt sich im Elfenbeinturm einzuriegeln. Aber er müsste es wollen.

Vielleicht will das ja nicht einmal unsereiner.

Vielleicht würden wir sie vermissen, diese aller Bodenhaftung spottenden Sprachkunstwerke wie im *Kölner Stadt-Anzeiger:* «In der jüngeren Variante bevorzugt Boulez mit den drei Flöten als Protagonisten ein in seiner unablässigen Dichte dennoch eher monochromes Bild, während in der früheren Gestalt die der Elektronik unterworfene Midi-Flöte in Partnerschaft mit nur wenigen Instrumentalisten subtilste echohafte, ja geheimnisvolle Klangschleier zu weben scheint.» Unser Wunschleser assoziiert: Aus drei Flöten ein monochromes Bild – warum nicht aus drei Bildern ein trunkenes Fagott? (Eben solche Ausschweifungen der Phantasie nennt man ja «assoziieren».)

So wollen wir das. Schliesslich kann man die Schlichtheit in der Sagbarmachung prozesshafter akustischer Sachverhalte auch übertreiben – wie einst der Satiriker Julius Stettenheim, der von 1878 bis 1904 aus Berlin regelmässig über selbsterfundene Kriege berichtete, zum Beispiel so: «Die Kanonen machten bum bum! Nur natürlich viel lauter.» Nein, das ist bar allen Webens, Waberns und Ästhetisierens. Auch wenn es im Informationsgehalt mit manchem wetteifern könnte, was da metaphorisch aufscheint in kokettem Gips.

Kommunikative Kompetenzmerkmale

Das müsste eine Erleuchtung sein! Wenn wir erfahren könnten, wie jene Menschen beschaffen sind, die die Globalisierung in den Griff bekommen und sich als Artisten des Outsourcing profilieren – die Meister der schlanken Produktion! Die Mehrer des Shareholder value! Die Männer, die die Massen in Massen entlassen, selbst aber nicht entlassen werden! Kurz: die grossen Manager, die unseren Wohlstand garantieren, wie keine geringeren als sie selber sagen.

Aus welchem Holz sind sie geschnitzt? Genau weiss das niemand. Doch aus welchem sie geschnitzt sein sollten, das lässt sich ermitteln – indem wir uns nämlich mit Lupe und Statistik den grössten Börsen für gehobene Positionen nähern: den Stellenangeboten – für Deutschland in der *Frankfurter Allgemeinen*, für die Schweiz in der *NZZ*. Und da ist es eine Menge, was die 486 Anzeigen eines Wochenendes uns erzählen können.

Viele auf englisch, das versteht sich heutzutage: Human Resources Managers werden da gesucht, Retail Fondsmarketing Managers, Derivative Marketers und Senior Technical Support Engineers. Die Konkurrenz sollen sie nicht nur übertrumpfen («Don't simply outdo the competition») – wegpusten sollen sie sie («Blow them away!»). Und das in Zürich.

Doch ein so unverhülltes Bekenntnis zum Einzelkämpfer mit den stählernen Ellenbogen ist in beiden Blättern die Ausnahme. Im Vordergrund stehen drei Arten von Wörtern: ein soziologisch angereicherter Marketing-Jargon; die Tarnsprache von Management-Seminaren und Betriebsversammlungen; und die gespreizte Darbietung des Selbstverständlichen – fast durchweg also ein heftiger Abscheu vor dem schlichten, redlichen Wort.

Oft staunt man, wie viele überflüssige Floskeln der Inserent zu bezahlen wünschte. «Engagiert» soll der Bewerber sein – als ob sich Heerscharen von Nichtengagierten bewürben, wären sie nicht durch das Wort gewarnt! «Zielgerichtetes Agieren» wird gefordert – ist das ziellose Agieren nicht das Vorrecht von Kindern und Betrunkenen? «Persönliches Entwicklungspotential» soll der Bewerber haben, ein Leckerbissen mit starkem Nachgeschmack: Das Potential, sich persönlich zu entwickeln, meint der Auftraggeber vermutlich, aber das ist so wenig ein persönliches Entwicklungspotential, wie der Vater einer vierköpfigen Familie ein vierköpfiger Familienvater ist. Geradeaus gesagt, soll der Bewerber sich also noch entwickeln können. Aber wer sollte das nicht?

Was schliesslich «persönliche Kompetenz» bedeutet, verrät uns keiner – einen dringend erwünschten Kontrast zur unpersönlichen Kompetenz oder zur persönlichen Inkompetenz? Doch Kompetenz muss sein, in der *FAZ* zumal: analytische, kommunikative, soziale oder strategisch-konzeptionelle.

Eine Spezialität der *NZZ*-Inserenten sind kunstvoll zusammengeleimte Adjektive: umsetzungsstark, hochkommunikativ, businessorientiert und erfolgsfokussiert; das letzte wäre für einen Sprach-Oscar zu nominieren und ist ohnehin im Fokus des Stellenmarkts. «Aufgrund der Fokussierung auf biologisch-pharmazeutische Präparate einerseits», liest man in der *FAZ*, «und der selektiven Marketingkonzeption andrerseits kann unser Unternehmen einen respektablen Erfolgskurs vorweisen. Unsere innovativen immunologischen Spezialitäten geniessen sowohl in der Klinik als auch im niedergelassenen Bereich hohes Ansehen.» Wo man Bereiche fokussiert, da lass dich ruhig nieder.

Im Fokus der erwünschten Eigenschaften drängen sich in der *FAZ* teamfähig, durchsetzungsstark, verhandlungsgewandt und irgendwie analytisch (in Fähigkeit, Kompetenz oder Denkweise), in der *NZZ* kommunikativ oder kommunikationsfähig, selbständig, unternehmerisch denkend und wiederum teamorientiert.

Der Triumph des Teamgeistes und der Kommunikationsfreudigkeit stellt uns vor die Frage: Halten die Inserenten sie wirklich für die wichtigsten

Kompetenzmerkmale – oder bedienen sie augenzwinkernd ein modisches Erwartungsbild? Singen sie Arm in Arm mit dem Erwählten die Hymne von der Kommunikation, um sich desto durchsetzungsstärker der Erfolgsfokussierung hinzugeben?

Klares Deutsch ist ja offensichtlich weder die Stärke noch die Absicht der Auftraggeber und auch nichts, was sie beim Bewerber suchen: Soll es doch mit seinem Team kommunizieren, wie es will – es, das unkonventionell denkende Marketing-Vollblut, oder sie, die flexible, belastbare Unternehmerpersönlichkeit mit dem ausgeprägten Zahlenflair, oder er, der agierend-kreative, kundenorientierte akquisitorische Könner mit der hohen Eigenmotivation!

Zwischen all dem Marktgeschrei finden sich ein paar Eigenschaften, die aus guter Kinderstube kommen, aber mehr als Mauerblümchen auf dem Ball der Karrieremacher sind sie nicht. Intelligenz und Zuverlässigkeit wird in beiden Zeitungen vereinzelt gefordert; in der *FAZ* darf man überdies offen, pfiffig und präzise, in der *NZZ* integer und von tadellosem Leumund sein.

Der Schönheitspreis gebührt jenem *NZZ*-Inserenten, der sich «moderates Durchsetzungsvermögen» wünschte – ein gemässigtes, gedämpftes, ob nun rein sprachlich oder mit wirklichen Polstern auf den Ellenbogen: so oder so meilenweit entfernt von dem kommunikativen Wegpusten, das enervierend durch die Blätter rauscht.

Musik – tonlos und flächendeckend

Wollt ihr Geigenspielen lernen, liebe Kinder? Oder wollt ihr lieber eine flächendeckend durchgeführte Veranstaltung zur Instrumentenwahl besuchen? Die Jugendmusikschule einer schweizerischen Grossstadt hat sich für die zweite Formulierung entschieden. Und so falsch es wäre, mit Kanonen auf Spatzen zu schiessen, so sehr bietet es sich an, an Hand eines Stückleins Alltagsprosa anschaulich zu machen, wie farblos, wie bürokratisch gebläht und akademisch verbogen man mit Eltern und Kindern reden kann, wenn man glaubt, da liege kein Problem.

Es sei bald die Zeit gekommen, wo entschieden werden sollte, ob das Kind ein Instrument erlernen möchte – so beginnt der Brief an die Eltern. In Ordnung. Nun weiter: «In diesem Entscheidungsprozess ...» Schon damit hat der Absturz begonnen. Was fügt der «Prozess» der Entscheidung hinzu? Etwa so viel wie der Heilungsverlauf der Heilung (die ja keine wäre, wenn sie nicht verliefe). «Dabei» hätte völlig genügt. Warum die Prozesshaftigkeit typischer Entscheidungsverläufe herausstellen? Damit die Eltern es lieber lesen? Damit ihr Kind lieber zur Geige greift?

Und wer steht den Eltern und Kindern in die-

sem Prozess mit Rat und Tat zur Seite? «Die Musiklehrkraft. Im Verlauf des Monats wird sie …»
Kein Lehrer also und keine Lehrerin, sondern eine Lehrkraft – ein bisschen abseits des Sprachgebrauchs, aber vorbildlich geschlechtsneutral. Mit dem Nachteil freilich, dass dann *sie* den Rat erteilt, selbst wenn sie ein Mann wäre. Das ist ja grammatisch nicht falsch, aber etwas verwirrend zu lesen, ähnlich, als wenn es von einer anderen Lehrkraft hiesse, dass sie ihrem Sohn ein guter Vater sei.

Auch könnte es männliche Leser oder Lehrer geben, die in dem *sie* eine fahrlässige oder listige Benachteiligung ihres Geschlechts aufspürten und folglich die Gegenforderung erhöben, die Geschlechtsneutralität in sauberem Wechsel so zu wahren, dass umgekehrt unter *er* auch eine Frau verstanden werden kann. Kein Problem! Man brauchte nur auf die Bezeichnung «Lehrkörper» für die Gesamtheit der Lehrkräfte zurückzugreifen: Dann dürfte man über fünf Lehrerinnen sagen, *er* erteile Musikunterricht, und das wäre nur gerecht.

Flächendeckend könnten die «Veranstaltungen zur Instrumentenwahl» erst in einigen Jahren durchgeführt werden, heisst es weiter. Flächendeckend! Welch schönes Wort für Handelsvertreter und Bomberkommandos. Wie man Flächen mit Veranstaltungen deckt, bleibt offen; ebenso, ob ein ganze Flächen abdeckendes Oboenkonzert auch nur dem geübten Ohr erfreulich wäre.

Wo und wie können Kinder und Eltern die Instrumentenlehrkräfte erleben? «Live auf der Bühne.» Das ist plötzlich eine Anleihe aus dem Jargon der Rock- und Popkonzerte («live in concert»), also erstens ein Stilbruch und zweitens überaus überflüssig: Wer auf der Bühne oder im Konzert agiert, hat es schwer, dies nicht «live» zu tun, und dass Lehrer live unterrichten, ist keines Hinweises würdig (erst in ein paar Jahren vielleicht, wenn der Lehrkörper im Computer hockt).

Und was können die Kinder tun? «Instrumente aus der Nähe besehen, befühlen und ausprobieren.» Wie um Himmels willen soll man ein Instrument befühlen, *ohne* es aus der Nähe zu sehen? Und wie *reden* Kinder: Darf ich mal dein Cello befühlen?

Da der Platz knapp sei, schliesst der Brief, sollten interessierte Eltern ihren Kindern den beigefügten Zettel mitgeben; «ohne Gegenbericht von Seiten der Jugendmusikschule können Sie davon ausgehen, dass aufgrund dieser Interessenerhebung genügend Platzkapazität vorhanden sein sollte». Auf deutsch: Wenn Sie nichts von uns hören, werden wir einen Platz für Sie haben. Gegenbericht! Interessenerhebung! Und was fügt die «Platzkapazität» dem Platz hinzu? Platz haben oder nicht, das war schon immer ein Kapazitätsproblem.

Stünde nun diesem Deutsch aus den Tiefen der

Katasterämter ein einziger frischer Satz gegenüber oder käme zum Beispiel eine Klarinette vor, irgend etwas zum Anfassen – man wäre getröstet. Den Wettlauf mit Kapazität, Prozess und Erhebung aber muss «das Instrument» bestehen, der blasseste mögliche Oberbegriff. Welche Instrumente? Keine Auskunft. Führt der Lehrkörper auch eine Einweisung in Kontrabass und Tuba durch? Wenn ja – wie erstaunlich! Wenn nein – welche Pointe! («Tuba lehren wir zwar nicht, aber schon die Posaune ist kein Problem für uns.»)

Nichts für ungut, liebe Jugendmusikschulgebietsleiterin! Ihr Brief ist gut gemeint, sachlich einwandfrei und grammatisch völlig korrekt. Nur Musik hat er nicht. Wollten Sie nicht eigentlich werben dafür, dass möglichst viele Kinder sich ans Musizieren machen? Sollten Ihre Sätze dann nicht rote Backen haben? Sollten sie nicht ermuntern, sich auf das kleine Abenteuer einzulassen? Müssten sie nicht auch die Eltern motivieren? (Denn schliesslich kommen Kosten auf sie zu, viel Überzeugungskraft und manch schmerzliches Geräusch.) Wo bleibt die Anekdote von dem faulen Virtuosen, wo ein Spritzer Fröhlichkeit?

Das alles muss ja nicht sein. Etliche Kinder werden durchaus live in die Befühlstunde kommen. Es ist nur schade um jede Geige, die mit Hilfe solcher Sprachprozesse ungefidelt bleibt.

Wie man drei Völker belästigt

Nein: Milliarden, wie ihre Gegner behaupten, wird die Rechtschreibreform nicht kosten, und dass sie dem Ansehen der deutschen Sprache schade und das Dänken ärmer macht, ist ebenfalls übertrieben. Dänken? Nun ja – wir sollen ja in Zukunft *aufwändig* schreiben, um anschaulich zu machen, dass es von Aufwand komme, wie *überschwänglich* von Überschwang – warum also nicht *sätzen* vom Satz und *dänken* vom Gedanken her? Weil alle vier Schreibweisen gleichermassen Unsinn sind, die beiden vorgeschriebenen und die beiden hinzuerfundenen: *aufwenden* heisst das Wort, aus dem sich aufwendig ebenso wie der Aufwand ableitet, *überschwingen* ist die Wurzel von überschwenglich wie von Überschwang, und der Satz kommt vom Setzen und nicht umgekehrt.

Dass die Reformer germanistisch auf der Höhe wären, lässt sich also nicht behaupten; auch nicht, wenn sie uns für die unveränderte Aussprache «Pakeet» die Schreibweise *Packet* verordnen wollen oder uns das *Quäntchen* aufnötigen, weil es ein kleines Quantum sei; es ist aber ein Diminutiv zu Quent, dem fünften Teil. Und solche Leute fühlen sich stark genug, 95 von 100 Millionen Menschen deutscher Muttersprache eine dreifache Belästigung zuzumuten! Allen nämlich ausser den Analphabeten und jenen Schulkindern, die gerade schreiben lernen.

Belästigung 1: Ganz überwiegend sind wir Leser, nicht Schreiber, und Leser haben sich noch nie gewünscht, dass die vertrauten Wortbilder sich ändern. Ein *Bordo* würde uns nicht schmecken, einen *Reno* würden wir nicht fahren und in *Co* keine Ferien machen wollen.

Belästigung 2: Alle Benutzer von Wörterbüchern, Lexika, Katalogen und Registern werden sich tausendfach schwarz ärgern über die Umstellungen im Alphabet. Schon in einem typischen Taschenwörterbuch ist der Stengel fünf Seiten später aufgeführt als der *Stängel*, der uns in Zukunft daran erinnern soll, dass er eine kleine Stange ist – korrekt; aber warum dann nicht *Ältern*, da die Eltern sich doch eben davon herleiten? Die oft erteilte Erlaubnis zu Doppelschreibweisen macht alles noch schlimmer: Hat mein Lexikon sich für die Chaussee auf Seite 91 oder für die *Schaussee* auf Seite 420 entschieden?

Belästigung 3: Alle ausser den Kindern der ersten Schuljahre müssen beim Schreiben umlernen. Mindestens die ältere Hälfte der Deutschsprachigen wird dies nicht mehr wollen, also sich jahrzehntelang eine unkorrekte Orthographie nachsagen lassen müssen. Wer in einem Büro seit dreissig Jahren hauptberuflich Texte in die Schreibmaschine oder den Computer tippt und sich nun umstellen soll, wird zappeln vor Ärger.

Damit man die Reform trotzdem ertragen könnte, müssten den drei Belästigungen mehrere bedeutende Vorzüge gegenüberstehen. Ist die deutsche Rechtschreibung besonders reformbedürftig? Überhaupt nicht – verglichen mit der englischen und der französischen. Soll man den Kindern nicht ein paar Vereinfachungen gönnen? Vielleicht. Nur dass die Reform in der Rechtschreibung überhaupt nichts vereinfacht; sie ersetzt die alten Eigenheiten durch neue Komplikationen.

Bei der Gross- und Kleinschreibung: Bisher schrieben wir Erste Hilfe und den kürzeren ziehen. Nun soll es «erste Hilfe» und «den Kürzeren ziehen» heissen. Wo ist die Vereinfachung? «Jenseits von gut und böse» soll neben «Gut und Böse unterscheiden» stehen – eine Haarspalterei so übel wie nur je eine im alten Duden.

Bei der Getrennt- und Zusammenschreibung wird tausendfach die Trennung des bisher Vereinten vorgeschrieben: sitzen bleiben, kennen lernen, eine allein stehende Frau. Ob sie alleinstehend ist oder allein am Bahnhof steht, wird nicht mehr unterschieden. Andrerseits sollen wir weiter *bereitstellen* und *todtraurig* schreiben, und diese Regeln wie auch die Ausnahmen von ihnen zu durchschauen ist höhere Wissenschaft.

Eine Erleichterung aber gibt es in der Tat: Die

Zahl der Kommaregeln wird von 52 auf 9 reduziert, und überwiegend soll das Belieben regieren. «Er sah die Pistole in der Hand untätig zu» soll es heissen dürfen, und dass die zwei unterschlagenen Kommas eine vorzügliche Hilfe waren – nämlich uns hinderten, «Er sah die Pistole» zu lesen –, zählt nicht mehr. «Der Zug rammte den Elefanten, der auf den Schienen stand und entgleiste»: Wenn das Komma vor *und* beliebig wird, dann ist der Elefant entgleist und nicht der Zug. Auch hier also sollen, der Faulheit von Schreibern zuliebe, die Leser behelligt werden.

Und in Mannheim tagt längst eine Kommission, die die Unklarheiten der Reform beseitigen soll – 8000 unterschiedliche Auslegungen der neuen Regeln in den beiden meistverkauften deutschen Wörterbüchern! Ein Pfusch das Ganze, eine Wichtigtuerei von unterbeschäftigten Germanisten, die uns einst die totale Kleinschreibung und den *Mei* aufzudrängen versuchten und, da sie dafür verspottet wurden, nun wenigstens ihre Fingerabdrücke auf der deutschen Sprache hinterlassen möchten.

Wer eigentlich hat sie gerufen? Warum hält die Ministerialbürokratie es für dringend, sich mit ihnen zu verbünden? Wie können wir, die 95 Millionen, die wir weder Siebenjährige noch Analphabeten sind, uns die Scherereien ersparen, die dieser Klüngel uns zu machen wünscht?

Weil Deutsch taugt nichts mehr

Nicht ist heutzutage seltener als ein schlichter, sauber zu Ende geführter deutscher Satz. Wir werden eingemauert vom Jargon der Experten, von Schlagworten, die alles und nichts bedeuten, von englischen Imponiervokabeln und den Blähungen der Kommunikationswissenschaft, und das Fernsehen scheint eigens erfunden, damit der Wortmüll geschwätziger Politiker und das Gestammel schwitzender Sportler auch in die letzte Hütte schwappt. Ebenso das der Meteorologen: Wenn sie uns ein Tief von der *Iberischen Halbinsel* ankündigen, erschrecken sie offensichtlich vor den schönen Wörtern «Spanien und Portugal», die ungleich geläufiger und dabei kein bisschen länger sind; ja sie ignorieren, dass Spanien allein immer genügen würde: Ein Tief über Portugal hat nämlich nicht die geringste Chance, uns je auf einem anderen Wege als dem über Spanien zu erreichen.

So stimmt uns der Fernsehalltag ein auf die Silbendrescherei, mit der die Experten ihre Unentbehrlichkeit demonstrieren wollen. In einer wachsenden Zahl deutscher Kindergärten wird den Kindern neuerdings alles Spielzeug weggenommen – denn dies stärke, verkünden die Pädagogen, dreierlei: die Frustrationstoleranz der Vierjährigen, ihre diskursive Kompetenz und ihre Ökosensibilität. Natürlich! Wie man mit Kindern so redet. Langweilt euch im Freien, ohne zu klagen, und schwatzt dabei ein bisschen mehr! So hiesse der deutsche Satz, und da sehen wir's: verletzend die Klarheit und banal der Klang.

Davor muss sich auch jener Vorstandsassistent eines Grosskonzerns gefürchtet haben, der «eine über den jeweiligen Seminarzusammenhang hinausweisende Bündelung des Kreativpotentials mit der Zielvorgabe interdisziplinärer Befruchtung» empfahl. Die Leute sollen sich also öfter mal zusammensetzen und sich dabei etwas einfallen lassen, was allen nützt. Aber welcher Statusverlust im Unternehmen, welche Verleugnung akademischer Ideale würde mit einem so einfachen Satz einhergehen! Ja, am Ende sähe man ihm an, dass er nur das Selbstverständliche auf Schaumgold gebettet hat. Längst wollen junge Akademiker nicht mehr Journalisten werden, sondern sie geruhen mitzuteilen, dass ihr Interesse *dem Berufsspektrum des Journalismus* gelte – dem Spektrum, versteht sich, wer will denn noch einen Beruf ausüben? Haben sie sich eines Tages in diesem Spektrum etabliert, so sind sie die richtigen Leute, um ergriffen über Symposien und Kolloquien zu berichten, in denen multikulturelle Synergieeffekte beschworen und gewürdigt werden, natürlich im Licht postmoderner Rezeptionsästhetik; Explorationsdefizite und eine sinkende Literalität werden sie beklagen und davor warnen, Interpretationsdiskrepanzen kontraproduktiv zu operationalisieren.

Unsereiner bekommt da unwillkürlich Appetit auf ein Wort wie Kuh, weil man mit jähem Erschrecken spürt, was gemeint ist; oder auf ein Wort wie Hass, weil man ihn hegen möchte inmitten all des prätentiösen Wortgeklingels, und zwar auf ebendieses; oder auf einen Satz wie den von Robert Walser, wenn er sich als einen Sonderling vorstellt, «der seinen Filzhüten den Rand mit der Schere halb abschneidet, um ihnen ein wüsteres Aussehen zu verleihen».

Ist's nicht lateinisch oder griechisch, soll es englisch sein. Fun und Lifestyle, Hardware und Homepage, Snowboarding und Inline Skating sind auch dem Ungebildeten geläufig, mit dem weiteren Vorzug, dass man von dem, der sie auf der Zunge wälzt, ohnehin keine korrekten Sätze erwartet, weil Grammatik mag er nicht.

Im Schriftdeutsch der Lufthansa gebärdet sich die Mode so: «Miles & More führt ein flexibles Upgrade-Verfahren ein: Mit dem neuen Standby oneway Upgrade-Voucher kann direkt beim Check-in das Ticket aufgewertet werden.»

Und so in der Popmusik: «Der Producer war schon, als er das Demo des Songs hörte, von dessen Hitpotential überzeugt: ‹Nothing› hat einen sehr subtilen Groove.»

Und so in der Computerwerbung: «Alta Vista Search Internet Software, der ultimative Web-Suchdienst» – das sind acht englische Silben, fünf in modischem Latein, die vier am Anfang italienisch oder spanisch und genau drei deutsch (der ... Suchdienst), und mehr ist wirklich nicht nötig.

Eine tiefe Verachtung der Muttersprache scheint da einherzugehen mit der Angst, man könnte einfältig oder altbacken wirken und sich an den Idealen unserer Zeit versündigen, wenn man für alles, was man sagen möchte, den einfachsten, direktesten Ausdruck sucht. Es gab einmal Schriftsteller, die sahen das anders. «Lieber Herr Pastor, poltern Sie doch nicht so in den Tag hinein, ich bitte Sie!» schrieb Lessing an Pastor Goeze. «So lag er da allein, und alles war ruhig und still und kalt, und der Mond schien die ganze Nacht und stand über den Bergen», schrieb Georg Büchner über Lenz.

Nichts da. Heute schreibt man so: «Der über das Prinzip der Entscheidung gesuchte Zugang zu der umstrittenen voluntativen Vorsatzkomponente wird einem für den psychopathologischen Gebrauch entwickelten menschenkundlichen Ansatz folgen, dem es auf die wechselseitige Abhängigkeit der gestalteten Inhalte des Erlebens und der sie tragenden Antriebserlebnisse, also auf die Kohärenz von Repräsentation und Dynamik, ankommt.» *Psychobabble* nennt man dergleichen in Amerika. Cool!

Register

Kursiv gesetzt sind Wörter der deutschen Sprache, die im Text analysiert, gelobt oder getadelt werden.

abstrakte Sprache s. konkrete Sprache, akademisch-bürokratischer Jargon
Académie française 11
Adams, Scott 98
Adenauer, Konrad 50
Adjektive 32, 85 f., 124
Afro-Amerikaner 28
Aids 16
Airbag 13
akademisch-bürokratischer Jargon, Schwulst 36 f., 56, 61, 63–66, 119–122, 124–130, 135–139
Aktivitäten 65 f., 84
Alfabet 44
Allgemeines Bürgerliches Gesetzbuch (Österreich) 87
altus 115
Amerikanismen s. Anglomanie
analytisch 125
Andersen, Hans Christian 29
angesagt sein 110
Anglomanie 11–14, 95–98, 113, 123 f., 137 f.
Angst 112
anschauliche Sprache 129 f.
Arabisch 19
Armstrong, Neil 81
attraktiv 104
attraktives Deutsch s. konkrete Sprache, Metaphern, Rhythmus, Vergleiche, Wortspiele
Augenblick 116 f.
ausgehen von etwas 107–110
ausschlagen 49
Auswendiglernen 59
Auto 18
Babel, Isaak 32, 53
Baker, Russell 29, 96, 98
bärbeißig 86
Bardot, Brigitte 111
Barzel, Rainer 54
Baselitz, Georg 120
Bauernregeln 60
Beethoven, Ludwig van 38, 52

Befehl 72
Beispiele 51–54
Benn, Gottfried 38
«Berliner Zeitung» 55
Bevölkerung 89 f.
Bibel 25, 37, 51, 57, 66 f., 75 f., 92
Bilderschrift 43, 75
Bildersprache 39–42, 84–86
«Bildzeitung» 35, 38
Bittsteller 14
Black Power 28
Blähung s. akademisch-bürokratischer Jargon
«Blick» 35
Blitz 46
Bombast s. Imponierjargon
Boulevardzeitungen 9, 13, 35
Boulez, Pierre 122
Brandt, Willy 54
bräuchte 68 f.
BRD 17
Brecht, Bert 38, 59
Brentano, Clemens 61
Brüderlichkeit 29
Bryce, Ebenezer 7 f.
Buchdruck 79
Büchner, Georg 33 f., 38, 138
Buchstaben 43–45
Buchstabenzauber 75–78
«Der Bund» (Bern) 55
Bundesverfassung, schweizerische 87–90
Büro 101
Busch, Wilhelm 61, 91
Campe, Joachim Heinrich 14
Chinesisch 47
Claudius, Matthias 36, 61
Clinton, Bill 81
Computer und Sprache 47–50, 72
Computerjargon 13, 18, 137 f.
Computer-Viren 52
Cowboy 43
Dampfroß 101
dank 92

Daten, Datenautobahn, Datenbanken 79–82
Dativ 91–94
DDR-Deutsch 16, 70, 92
Deklination 20, 91–94
Demo 18
De Quincey, Thomas 9f.
Descartes, René 21
Deutsch 111–114, 135–138
Deutschlehrer 92, 134
Dialekte 50
Dilbert-Prinzip 98
Diphtonge 44
Dolmetscher 87
downsizing 95, 97f.
dpa 37
duckmäuserisch 86
Duzen 23–26
Dürrenmatt, Friedrich 94
Eckermann, Johann Peter 101
Eco, Umberto 30
Eichendorff, Joseph v. 61
Einstein, Albert 78
elegantes Deutsch s. Metaphern, Rhythmus, Vergleiche, Wortspiele
elitäre Sprache s. Imponierjargon
E-Mail 18
Englisch 20, 25, 61, 69, 98, 112f., 133
s. auch Anglomanie
Eppler, Erhard 102
erfolgsfokussiert 125
Ersatz 112
Esperanto 19–22
«L'Estelle de Mallorca» 111–113
Euphemismen 9, 16f., 96–98
Fahrvergnügen 112
Faulpelz 112
feministische Sprache 27, 29f., 128
Fernsehen 12, 72, 116–118, 135
Feuilletonjargon 119–122
Fingerspitzengefühl 112
flächendeckend 127f.
Floskeln s. Geschwätz, Redundanz, Sprachklischees
fokussieren 125
Fontane, Theodor 86
Foster, Edward 21
Franco, Francisco 112
«Frankfurter Allgemeine» 91, 120, 123–126
Französisch 11–14, 19, 45, 133

Frauen in der Sprache s. feministische Sprache
Freiheit 29
Fremdwörter s. Anglomanie
Freud, Sigmund 38
frisch 116
frugal 8
Frust 18
Füllwörter 32
Fun 137
Gaarder, Jostein 83
Gebrauchsanweisungen 47
Gedächtnis 59
Gedichte s. Lyrik
Gehör 71–74
gehorchen 71
Gemeinplätze s. Sprachklischees
Gemütlichkeit 112
Genitiv 91–94
George, Stefan 93
Germanisten s. Deutschlehrer
Geschwätz 31–34, 56, 64, 107–110, 124
s. auch akademisch-bürokratischer Jargon, Sprachklischees
gleich (sogleich) 116f.
Gleichheit 29
Gleichnis 51–54
Globalisierung 95–97, 123
Goethe 32f., 38, 40f., 60, 92, 101
Götterdämmerung 112
Grammatik s. korrektes Deutsch, Satzbau
Grass, Günter 86
Green, Julien 34
Griechisch 19
Grillparzer, Franz 32f., 54
«Hamburger Abendblatt» 103–106
Handke, Peter 57
Hardware 13, 137
hasenherzig 86
Hauptsätze 88
Hebel, Johann Peter 90
Heilige Schriften 58
Heine, Heinrich 38, 53, 61f.
Heiratsanzeigen 103–106
Hemingway, Ernest 32–34
Herder, Johann Gottfried 45
Hildebrandt, Dieter 53
Hilfszeitwörter 68
Hinterland 112
Hitler, Adolf 16, 19, 21

Hoeg, Peter 7, 32
Hölderlin, Friedrich 62
Homepage 137
Homosexuelle 27
Honecker, Erich 70
Hören 71–74
Hörige 72
Hughes, Robert 30
Hund 46
Iberische Halbinsel 135
Ibn al-Haggag 54
Ihering, Rudolf v. 87
implementieren 63 f.
Implikation 34
Imponierjargon 37, 63–66, 123–125, 135–138
Indianer 27
indirekte Rede 69 f.
Information 79–82
insbesondere 88
Interlingua 22
Internet s. Datenautobahn
Interpunktion 134
Ironie 8 f., 41
Irzykowski, Karol 74
Italienisch 45
Jackson, Michael 12
Jahrhunderthochwasser 9
Jargon s. akademisch-bürokratischer Jargon, Computerjargon, Feuilletonjargon, Imponierjargon, Journalistenjargon, Marketingjargon, Politikerjargon, Sportlerjargon, Wirtschaftsjargon, Werbung
jede Menge 55
jetzt 115–118
Journalistenjargon 13, 37, 47, 63, 109 f.
Joyce, James 54
jüdischer Witz 58
Jugendsprache 41, 56 f.
Juristenjargon 87–90, 92
Kabbala 76
Kafka, Franz 38
Karriere 99
Kasse (zur Kasse bitten) 110
Katalanisch 11, 112
Katzenjammer 112
Kaubeu 43
Kauderwelsch s. Jargon
Keller, Gottfried 36
Kelterborn, Rudolf 120

Kempner, Friederike 41 f.
Kerr, Alfred 53
Kindersprache 35 f.
Kino 18
Kitsch 112
Kleiber, Carlos 52
Kleist, Heinrich v. 38
Kohl, Helmut 42, 70
«Kölner Stadt-Anzeiger» 122
kolossal 45
Kolumbus 27
Komik, unfreiwillige 41 f., 100
Kommasetzung 134
Kommunikation, betriebsinterne 63–66
Kommunikationswissenschaft 135
kommunikativ 125 f.
Kompetenz 124 f.
komponieren 101 f.
Konjunktiv 67–70
konkrete Sprache 32 f., 129 f.
Koran 57
korrektes Deutsch 113 f., 137
kraft 92
Kraus, Karl 85
Kren 12
Krimi 18
Kritiker-Jargon 119–122
Kuh 137
Kuh, Anton 53
Kunstsprachen 19–22
Kurze Wörter 89 f.
langfristig 108 f.
Lateinisch 19
Lautbildung 43–46
lauter 49
Lautmalerei 43, 45 f.
Lautschrift 18, 43–46, 75
Lehrkörper, Lehrkraft 128 f.
Leibniz, Gottfried Wilhelm 21
Lektüre-Empfehlungen 36 f., 60–62
Lessing, Gotthold Ephraim 38, 138
Lexika 132, 134
Lichtenberg, Georg Christoph 38, 58
Liebe 46, 49
Lied 112
Lifestyle 137
Lindenmann, Jean 52
Litotes 7–10
live 129
Logik in der Sprache 20–22, 44, 47
Lokomotive 101

Lufthansa 137
Lüge 80–82
lüstern 106
Luther, Martin 38, 90, 92
Lyrik 35 f., 59–62
Madonna 14
Magallanes, Fernando 95
Magisches Quadrat 76 f.
Manager 123–126
Mann, Thomas 25, 36, 38, 54, 93, 119
Märchen 35
Marketingjargon 64, 95, 124–126
Mark Twain 111 f.
Maugham, Somerset 34
mausern 39
Mendel, Grego 101
Metaphern 39–42, 51–54, 85 f., 99–102
Meyer, C. F. 60
Miall, David S. 83
Mitterand, François 14
Modewörter s. Anglomanie, Jargon
Mozart, W. A. 101
Mundart 50
Murmeltier (schlafen wie ein) 84
Musikkritiker 119–122
Musil, Robert 54
Muther, Richard 42
Mutter 21
Nachrichtenagenturen 47
Nasa 16, 81
Nash, Ogden 61
Nato 16
Neger 28
Nestroy, Johann 116
«Neue Zürcher Zeitung» 42, 52, 94, 103–106, 120, 123–126
«New York Times» 27, 29, 81, 96, 98, 111 f.
Nietzsche, Friedrich 38, 52, 58
Obers 12
O'Neill, Eugene 94
Ortega y Gasset, José 119
Orwell, George 54
Österreichisches Deutsch 12
Ostpolitik 112
outsourcing 95–98, 123
Palindrome 76–78
Pars pro toto 32
Pérez de Ayala, Ramón 86
personne 115
Peter-Prinzip 98

Phonetik 44
Phrasen s. Geschwätz, Redundanz, Sprachklischees
Platen, August v. 60
Platon 45
Platzkapazität 129
Pogorelich, Ivo 41
Political Correctness 27–30
Politikerjargon 9, 63, 107–109
postwendend 118
Presse s. Journalisten
Pressesprecher 13
Protestanten 28
Psychobabble 138
Rassismus in der Sprache 27–30
Raumschiff Erde 102
Realpolitik 112
Rechtschreibreform 43–45, 131–134
Redefreiheit 79, 82
Redundanz 31–34, 83
Reim s. Lyrik
resignativ 121
Rhein 43, 46
Rhythmus 59 f.
Rilke, Rainer Maria 100
Rommel, Manfred 30
Rückert, Friedrich 71
Rucksack 112
Sachs, Gunter 111
Saddam Hussein 21
Safire, William 112
Satire 58
Satzbau 61, 87–89
Satzzeichen 134
Schachtelsätze 61, 87–89
Schadenfreude 112
Schauspieler 14
Scheel, Walter 54
Schiller 57, 60, 95
Schlagwörter 135
Schlesinger, Arthur 30
Schmidt, Arno 53
schmusen 111
Schneider, Robert 119
Schrift 75–78
Schule s. Deutschlehrer, korrektes Deutsch
schwarz 40
Schwarze 28 f.
Schwatzhaftigkeit s. Geschwätz
Schweizerdeutsch 70, 94, 113

Schwulst s. Geschwätz, Imponierjargon
seitens 92
Sensationsjournalismus s. Boulevardzeitungen
Shakespeare 25, 46
shareholder value 123
Siezen 23–26
Simultandolmetscher 87
Skandal 9
sofort 115 f.
Software 13
«Sonntagszeitung» 110
sophisticated 49
Spanisch 19, 111
«Der Spiegel» 26, 86
Sportlerjargon 99, 135
Sprach-Erwerb 35–38
Sprachklischees 83–86 s. auch Geschwätz
Sprachlenkung 11–14, 27–30
Sprachmagie 75–78
Sprachmodelle, Vorbilder 36 f., 60–62
Sprachverfall 55–58, 67–70, 91–94
Sprachzentrum 72–74
Stalin 19
Stängel 132
Stellenangebote 123–126
Stendhal 36
Stettenheim, Julius 122
Stichprobe 99
Stilbruch 55–58, 129
Stolpersteine (zur Belebung von Texten) 83–86
«Stuttgarter Zeitung» 120
«Süddeutsche Zeitung» 55
Superlativ 7–10
Synergieeffekte 136
Synonyme 84–90
«Tages-Anzeiger», Zürich 103–106
Talmud 57
Tarnsprache 16 f., 95–98
teamfähig 125
Telegrammstil 15
Thoma, Ludwig 31
«Time» 29, 52, 120
Toubon, Jacques 11 f.
trotz 92
überschwänglich 131
Übersetzung 47–50
Übertreibung 7–10

Ulbricht, Walter 89
understatement 7–10
Ungeziefer 30
unkaputtbar 113 f.
Unkraut 30
Unterdetermination 34
Unternehmenskommunikation 63–66
Valentin, Karl 116
vererben 101
Vergangenheitsbewältigung 112
Vergleiche 51–54
Verhör 71
Verkaufskanone 99
verschmust 104
vierschrötig 86
Volapük 22
Volk 89 f.
Voltaire 31
Vorbilder s. Sprachmodelle
vorzeigbar 104
Waldsterben 112
Walkman 13
Walser, Robert 26, 86, 93, 137
Walther von der Vogelweide 91
Weitschweifigkeit s. Geschwätz
Weltanschauung 112
Welthilfssprachen 19–22
Weltschmerz 112
«Weltwoche» 94
Werbung, Jargon der 12 f., 113 f.
«Westdeutscher Rundfunk» 55 f.
Wetterbericht 135
Wirtschaftsjargon 9, 63–66, 95, 123–126
Witze 29, 58, 61
Wolkenkratzer 102
Wörterbücher 132, 134
Wortlänge 89 f.
Wortschöpfung 11–14
Wortspiele 22
Zamenhof, Ludwig 19
«Die Zeit» 103–106
Zeitgeist 112
Zeitung 79–82, 119–122 s. auch Journalistenjargon
Zesen, Philipp v. 14
Zoo 18
Zunftjargon s. Jargon
Zweck 102
zweisam 103 f., 106

143

Bücher von Wolf Schneider

Wörter machen Leute
Kritik der Sprache
(Piper 1976, Rowohlt-TB1979, Serie Piper 1986,
8. Auflage 1996)

Deutsch für Profis
Handbuch für Journalistensprache
(Stern-Buch 1982, 7. Auflage 1986, Goldmann-TB seit 1985)

Unsere tägliche Desinformation
Wie die Massenmedien uns in die Irre führen
(Stern-Buch 1984, 5. Auflage 1992),
zusammen mit fünf Absolventen der Hamburger
Jornalistenschule

Deutsch für Kenner
Die neue Stilkunde
(Stern-Buch 1987, 7. Auflage 1994, Serie Piper 1996)

Die Überschrift
Sachzwänge, Fallstricke, Versuchungen, Rezepte
(List Journ. Praxis 1993), zusammen mit Detlef Esslinger

Deutsch fürs Leben
Was die Schule zu lehren vergaß
(Rowohlt-TB 1994; 6. Auflage 1997)

Die Sieger
*Wodurch Genies, Phantasten und Verbrecher berühmt
geworden sind*
(Stern-Buch 1992, 5. Auflage 1995, Serie Piper 1997)

Handbuch des Journalismus
(Rowohlt 1996, Rowohlt-TB 1998),
zusammen mit Paul-Josef Raue